英検®
過去問題集
2021 年度

Gakken

5 級

別 冊 試 験 問 題

推奨
日本英語検定協会
英検

本冊と軽くのりづけされていますので、ゆっくりと取り外して使いましょう。

20☐年度・第☐回　　5級　解答用紙

解答欄

問題番号	1 2 3 4
1 (1)	① ② ③ ④
(2)	① ② ③ ④
(3)	① ② ③ ④
(4)	① ② ③ ④
(5)	① ② ③ ④
(6)	① ② ③ ④
(7)	① ② ③ ④
(8)	① ② ③ ④
(9)	① ② ③ ④
(10)	① ② ③ ④
(11)	① ② ③ ④
(12)	① ② ③ ④
(13)	① ② ③ ④
(14)	① ② ③ ④
(15)	① ② ③ ④

解答欄

問題番号	1 2 3 4
2 (16)	① ② ③ ④
(17)	① ② ③ ④
(18)	① ② ③ ④
(19)	① ② ③ ④
(20)	① ② ③ ④

解答欄

問題番号	1 2 3 4
3 (21)	① ② ③ ④
(22)	① ② ③ ④
(23)	① ② ③ ④
(24)	① ② ③ ④
(25)	① ② ③ ④

リスニング解答欄

問題番号	1 2 3 4
例題	① ② ●
第1部 No.1	① ② ③
No.2	① ② ③
No.3	① ② ③
No.4	① ② ③
No.5	① ② ③
No.6	① ② ③
No.7	① ② ③
No.8	① ② ③
No.9	① ② ③
No.10	① ② ③
第2部 No.11	① ② ③ ④
No.12	① ② ③ ④
No.13	① ② ③ ④
No.14	① ② ③ ④
No.15	① ② ③ ④
第3部 No.16	① ② ③
No.17	① ② ③
No.18	① ② ③
No.19	① ② ③
No.20	① ② ③
No.21	① ② ③
No.22	① ② ③
No.23	① ② ③
No.24	① ② ③
No.25	① ② ③

解 答 欄

問題番号	1 2 3 4
(1)	① ② ③ ④
(2)	① ② ③ ④
(3)	① ② ③ ④
(4)	① ② ③ ④
(5)	① ② ③ ④
(6)	① ② ③ ④
(7)	① ② ③ ④
(8)	① ② ③ ④
(9)	① ② ③ ④
(10)	① ② ③ ④
(11)	① ② ③ ④
(12)	① ② ③ ④
(13)	① ② ③ ④
(14)	① ② ③ ④
(15)	① ② ③ ④

（欄外: **1**）

解 答 欄

問題番号	1 2 3 4
(16)	① ② ③ ④
(17)	① ② ③ ④
(18)	① ② ③ ④
(19)	① ② ③ ④
(20)	① ② ③ ④

（欄外: **2**）

解 答 欄

問題番号	1 2 3 4
(21)	① ② ③ ④
(22)	① ② ③ ④
(23)	① ② ③ ④
(24)	① ② ③ ④
(25)	① ② ③ ④

（欄外: **3**）

リスニング解答欄

問題番号	1 2 3 4
例題	① ② ●
No.1	① ② ③
No.2	① ② ③
No.3	① ② ③
No.4	① ② ③
No.5	① ② ③
No.6	① ② ③
No.7	① ② ③
No.8	① ② ③
No.9	① ② ③
No.10	① ② ③
No.11	① ② ③ ④
No.12	① ② ③ ④
No.13	① ② ③ ④
No.14	① ② ③ ④
No.15	① ② ③ ④
No.16	① ② ③
No.17	① ② ③
No.18	① ② ③
No.19	① ② ③
No.20	① ② ③
No.21	① ② ③
No.22	① ② ③
No.23	① ② ③
No.24	① ② ③
No.25	① ② ③

（欄外: **第1部**, **第2部**, **第3部**）

20☐ 年度・第☐回　　5級　解答用紙

解　答　欄

問題番号	1 2 3 4
1	
(1)	① ② ③ ④
(2)	① ② ③ ④
(3)	① ② ③ ④
(4)	① ② ③ ④
(5)	① ② ③ ④
(6)	① ② ③ ④
(7)	① ② ③ ④
(8)	① ② ③ ④
(9)	① ② ③ ④
(10)	① ② ③ ④
(11)	① ② ③ ④
(12)	① ② ③ ④
(13)	① ② ③ ④
(14)	① ② ③ ④
(15)	① ② ③ ④

解　答　欄

問題番号	1 2 3 4
2	
(16)	① ② ③ ④
(17)	① ② ③ ④
(18)	① ② ③ ④
(19)	① ② ③ ④
(20)	① ② ③ ④

解　答　欄

問題番号	1 2 3 4
3	
(21)	① ② ③ ④
(22)	① ② ③ ④
(23)	① ② ③ ④
(24)	① ② ③ ④
(25)	① ② ③ ④

リスニング解答欄

問題番号	1 2 3 4
例題	① ② ●
第1部	
No.1	① ② ③
No.2	① ② ③
No.3	① ② ③
No.4	① ② ③
No.5	① ② ③
No.6	① ② ③
No.7	① ② ③
No.8	① ② ③
No.9	① ② ③
No.10	① ② ③
第2部	
No.11	① ② ③ ④
No.12	① ② ③ ④
No.13	① ② ③ ④
No.14	① ② ③ ④
No.15	① ② ③ ④
第3部	
No.16	① ② ③
No.17	① ② ③
No.18	① ② ③
No.19	① ② ③
No.20	① ② ③
No.21	① ② ③
No.22	① ② ③
No.23	① ② ③
No.24	① ② ③
No.25	① ② ③

解答欄

問題番号	1 2 3 4
1	(1) ① ② ③ ④
	(2) ① ② ③ ④
	(3) ① ② ③ ④
	(4) ① ② ③ ④
	(5) ① ② ③ ④
	(6) ① ② ③ ④
	(7) ① ② ③ ④
	(8) ① ② ③ ④
	(9) ① ② ③ ④
	(10) ① ② ③ ④
	(11) ① ② ③ ④
	(12) ① ② ③ ④
	(13) ① ② ③ ④
	(14) ① ② ③ ④
	(15) ① ② ③ ④

解答欄

問題番号	1 2 3 4
2	(16) ① ② ③ ④
	(17) ① ② ③ ④
	(18) ① ② ③ ④
	(19) ① ② ③ ④
	(20) ① ② ③ ④

解答欄

問題番号	1 2 3 4
3	(21) ① ② ③ ④
	(22) ① ② ③ ④
	(23) ① ② ③ ④
	(24) ① ② ③ ④
	(25) ① ② ③ ④

リスニング解答欄

問題番号	1 2 3 4
例題	① ② ●
第1部 No.1	① ② ③
No.2	① ② ③
No.3	① ② ③
No.4	① ② ③
No.5	① ② ③
No.6	① ② ③
No.7	① ② ③
No.8	① ② ③
No.9	① ② ③
No.10	① ② ③
第2部 No.11	① ② ③ ④
No.12	① ② ③ ④
No.13	① ② ③ ④
No.14	① ② ③ ④
No.15	① ② ③ ④
第3部 No.16	① ② ③
No.17	① ② ③
No.18	① ② ③
No.19	① ② ③
No.20	① ② ③
No.21	① ② ③
No.22	① ② ③
No.23	① ② ③
No.24	① ② ③
No.25	① ② ③

注意事項

① 解答にはHBの黒鉛筆（シャープペンシルも可）を使用し，解答を訂正する場合には消しゴムで完全に消してください。

② 解答用紙は絶対に汚したり折り曲げたり，所定以外のところへの記入はしないでください。

解　答　欄

問題番号		1 2 3 4
1	(1)	① ② ③ ④
	(2)	① ② ③ ④
	(3)	① ② ③ ④
	(4)	① ② ③ ④
	(5)	① ② ③ ④
	(6)	① ② ③ ④
	(7)	① ② ③ ④
	(8)	① ② ③ ④
	(9)	① ② ③ ④
	(10)	① ② ③ ④
	(11)	① ② ③ ④
	(12)	① ② ③ ④
	(13)	① ② ③ ④
	(14)	① ② ③ ④
	(15)	① ② ③ ④

解　答　欄

問題番号		1 2 3 4
2	(16)	① ② ③ ④
	(17)	① ② ③ ④
	(18)	① ② ③ ④
	(19)	① ② ③ ④
	(20)	① ② ③ ④

解　答　欄

問題番号		1 2 3 4
3	(21)	① ② ③ ④
	(22)	① ② ③ ④
	(23)	① ② ③ ④
	(24)	① ② ③ ④
	(25)	① ② ③ ④

リスニング解答欄

問題番号		1 2 3 4
	例題	① ② ●
第1部	No.1	① ② ③
	No.2	① ② ③
	No.3	① ② ③
	No.4	① ② ③
	No.5	① ② ③
	No.6	① ② ③
	No.7	① ② ③
	No.8	① ② ③
	No.9	① ② ③
	No.10	① ② ③
第2部	No.11	① ② ③ ④
	No.12	① ② ③ ④
	No.13	① ② ③ ④
	No.14	① ② ③ ④
	No.15	① ② ③ ④
第3部	No.16	① ② ③
	No.17	① ② ③
	No.18	① ② ③
	No.19	① ② ③
	No.20	① ② ③
	No.21	① ② ③
	No.22	① ② ③
	No.23	① ② ③
	No.24	① ② ③
	No.25	① ② ③

注意事項
① 解答にはHBの黒鉛筆（シャープペンシルも可）を使用し、解答を訂正する場合には消しゴムで完全に消してください。
② 解答用紙は絶対に汚したり折り曲げたり、所定以外のところへの記入はしないでください。

解答欄

問題番号	1 2 3 4
1	(1) ① ② ③ ④
	(2) ① ② ③ ④
	(3) ① ② ③ ④
	(4) ① ② ③ ④
	(5) ① ② ③ ④
	(6) ① ② ③ ④
	(7) ① ② ③ ④
	(8) ① ② ③ ④
	(9) ① ② ③ ④
	(10) ① ② ③ ④
	(11) ① ② ③ ④
	(12) ① ② ③ ④
	(13) ① ② ③ ④
	(14) ① ② ③ ④
	(15) ① ② ③ ④

解答欄

問題番号	1 2 3 4
2	(16) ① ② ③ ④
	(17) ① ② ③ ④
	(18) ① ② ③ ④
	(19) ① ② ③ ④
	(20) ① ② ③ ④
3	(21) ① ② ③ ④
	(22) ① ② ③ ④
	(23) ① ② ③ ④
	(24) ① ② ③ ④
	(25) ① ② ③ ④

リスニング解答欄

問題番号	1 2 3 4
例題	① ② ●
第1部	No.1 ① ② ③
	No.2 ① ② ③
	No.3 ① ② ③
	No.4 ① ② ③
	No.5 ① ② ③
	No.6 ① ② ③
	No.7 ① ② ③
	No.8 ① ② ③
	No.9 ① ② ③
	No.10 ① ② ③
第2部	No.11 ① ② ③ ④
	No.12 ① ② ③ ④
	No.13 ① ② ③ ④
	No.14 ① ② ③ ④
	No.15 ① ② ③ ④
第3部	No.16 ① ② ③
	No.17 ① ② ③
	No.18 ① ② ③
	No.19 ① ② ③
	No.20 ① ② ③
	No.21 ① ② ③
	No.22 ① ② ③
	No.23 ① ② ③
	No.24 ① ② ③
	No.25 ① ② ③

▶採点後、筆記試験1と2, 3の合計およびリスニングテストで正解した問題の数を下の表に記入しよう。記入が終わったら、本冊p.94の分析ページでチャートを作ろう。

得点記入欄

筆記			
1	/15点	2＋3	/10点
リスニング			
第1部＋第2部＋第3部			/25点

英検® 過去問題集

2021年度

5級

Gakken

もくじ

英検®は，公益財団法人 日本英語検定協会の登録商標です。

この本の特長と使い方

この本は, 英検の過去問題5回分と, 自分の弱点がどの分野かを発見できる「合格力チェックテスト」を収録した問題集です。穴埋め問題, 並べかえ問題, リスニングテストなど, さまざまな力が試される「英検(実用英語技能検定)」。この本をどう使えば英検合格に近づけるかを紹介します!

過去問&合格力チェックテストで弱点をなくせ!

本番のテストで勉強して実力アップ! 過去問題5回

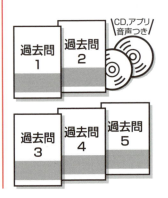

まずは英検の過去問題を解いてみましょう!
自分の実力を知るいちばんの近道です。
この本では, 過去5回分の試験問題を掲載!
リスニング問題を5回分すべて収録したCDとアプリ音声がついているので, 筆記試験, リスニングテストの対策がこの1冊でできます。
※アプリ音声については, 別冊12ページをご覧ください。
　MP3形式のダウンロード音声にも対応しています。

たくさん問題を解いて,
英検の問題形式になれよう!

英検ガイド猫
マスター・ニャンコ

弱点を知って実力アップ! 合格力チェックテスト1回

次に大問ごとの自分の実力を診断できる「合格力チェックテスト」を解きましょう。解答解説94ページの分析ページには, 苦手分野を克服するためのアドバイスが書かれています。これを参考にしながら, 本番に向け, さらに勉強を進めましょう。

合格診断チャートの使い方については右のページをチェック!

「合格力チェックテスト」の結果を分析できるのが"合格診断チャート"です。ここでは，合格診断チャートの使い方を解説します。

1 合格力チェックテストを解く

▲英検によく出る単語や表現で構成された実戦的なテストに挑戦しましょう

2 答え合わせをする

▲筆記テスト，リスニングテストの正解数をそれぞれ数えましょう

3 診断チャートに正解数を書きこむ

▲解答解説94ページの分析ページのチャートに正解数を書きこみます

● 合格診断チャートで自分の実力をチェック！

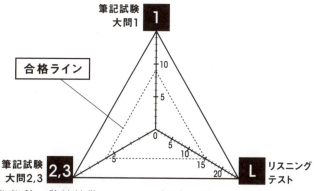

正解数を合格診断チャートに記入し，線で結びます。合格の目安となる合格ライン以下だった大問は対策が必要。合格診断チャートの下にある「分野別弱点克服の方法」を読んで，本番までに苦手分野を克服しておきましょう。

点数が低い分野の対策をすれば，効率よく得点アップが狙えるよ

これだけはおさえておきたい！

受験パーフェクトガイド

英検は，文部科学省後援の検定として人気があり，入試などでも評価されています。ここでは，英検5級を受験する人のために，申し込み方法や試験の行われ方などをくわしく紹介します。

5級の試験はこう行われる！

● 一次試験は筆記とリスニング

5級の一次試験は筆記25分，リスニングテスト約22分の合計約47分。筆記試験もリスニングテストも，解答はすべてマークシート方式です。

● 自宅の近くや学校で受けられる

一次試験は，全国の多くの都市で実施されています。だいたいは，自宅の近くの会場や，自分の通う学校などで受けられます。

● 試験は年3回行われる

一次試験は，6月（第1回）・10月（第2回）・1月（第3回）の年3回行われます。願書の締め切りは，試験日のおよそ1か月前です。

● スピーキングテストについて

一次試験の合否にかかわらず，5級の受験申し込み者全員が受験できます。合否結果が記載された成績表に英検IDとパスワードが記載されているので，自宅や学校などのネット環境の整った端末から専用サイトにアクセスして受験します。（くわしくは別冊11ページ）

試験の申し込み方法は？

● 団体申し込みと個人申し込みがある

英検の申し込み方法は，学校や塾の先生を通じてまとめて申し込んでもらう**団体申し込み**と，自分で書店などに行って手続きする**個人申し込み**の2通りがあります。中学生の場合は，団体申し込みをして，自分の通う学校や塾などで受験することが多いようです。

● まず先生に聞いてみよう

中学生の場合は，自分の通っている学校や塾を通じて団体申し込みをする場合が多いので，まずは英語の先生に聞いてみましょう。

団体本会場（公開会場）申し込みの場合は，先生から願書（申し込み用紙）を入手します。必要事項を記入した願書と検定料は，先生を通じて送ってもらいます。試験日程や試験会場なども英検担当の先生の指示に従いましょう。

＊自分の通う学校や塾などで受験する「準会場受験」の場合，申し込みの際の願書は不要です。

● 個人で申し込む場合は書店・コンビニ・ネットで

個人で受験する場合は，次のいずれかの方法で申し込みます。

▶ **書店**
英検特約書店（受付期間中に英検のポスターを掲示しています）に検定料を払い込み，「書店払込証書」と「願書」を英検協会へ郵送する。

▶ **コンビニエンスストア**
店内の情報端末機から直接申し込む。（くわしくは英検のウェブサイトをごらんください。）

▶ **インターネット**
英検のウェブサイト（https://www.eiken.or.jp/）から申し込む。

申し込みなどに関するお問い合わせは，英検を実施している
公益財団法人 日本英語検定協会まで。
● **英検ウェブサイト**　　　　https://www.eiken.or.jp/
● **英検サービスセンター**　　☎03-3266-8311

＊英検ウェブサイトでは，試験に関する情報・優遇校一覧などを公開しています。

出題内容徹底チェック！

英検5級の一次試験は、筆記試験とリスニングテストに分けられ、すべてマークシートで解答します。英検5級では家族、学校、趣味、スポーツ、買い物など、身近な話題が出題されます。ここでは、筆記試験とリスニングテストについてくわしく解説します。

筆記試験［25問・25分］

大問 1　短い文の穴うめ問題［15問］

短い文や会話文を読んで、（　　　）に適する語句を選ぶ問題。おもに単語と文法の知識が問われます。

(1) *A* : What do you want for dinner?
B : Italian (　　　). I want pizza.
1 songs **2** food **3** sea **4** cars

(2) My brother likes sports. He can (　　　) very fast.
1 run **2** sleep **3** open **4** listen

大問 2　会話文の穴うめ問題［5問］

会話文を読んで、（　　　）に適する文や語句を選ぶ問題。会話の流れを読み取る力と、会話表現の知識が問われます。

(16) *Man 1* : Hi, Bill. (　　　)
Man 2 : Good, thanks.
1 When do you go? **2** How old are you?
3 How are you doing? **4** What are you doing?

大問 3　語句の並べかえ問題［5問］

日本語の文の意味に合うように、英語の語句を並べかえて英文を作る問題です。

(21) 私の辞書は、机の中にあります。
（① dictionary ② in ③ is ④ my）

| 1番目 | | 3番目 | | the desk. |

1 ①-④ **2** ④-③ **3** ②-① **4** ③-④

リスニングテスト［25問・約22分］

第1部　適切な応答を選ぶ問題［10問］

Aの発言を聞いて，それに対するBの応答として適するものを選ぶ問題です。問題用紙に印刷されているのはイラストだけで，Bの応答の選択肢も放送で読まれます。（Aの発言と，Bの応答の選択肢は2度読まれます。）

 No. 1

 No. 2

第2部　会話についての質問に答える問題［5問］

A→Bの会話の後に，その内容についての質問を聞いて，答えを選ぶ問題です。問題用紙には質問の答えとなる選択肢が印刷されています。（会話と質問は2度読まれます。）

No. 11	1 To her house.
	2 To David's house.
	3 To school.
	4 To her violin lesson.

No. 12	1 For one hour.
	2 For two hours.
	3 For three hours.
	4 For four hours.

第3部　絵に合う英文を選ぶ問題［10問］

短い英文を3つ聞いて，イラストの内容に合うものを選ぶ問題です。問題用紙にはイラストだけが印刷されています。（英文は2度読まれます。）

 No. 16

 No. 17

5級攻略3大アドバイス!

現在の英語教育では「読む」「聞く」「書く」「話す」の"4技能"をバランスよく伸ばすことが重要とされていて, 英検の試験でもこれらの技能が総合的に試されます。「筆記は得意だけど, リスニングが…」,「文法が苦手…」といった悩みを持つ人もいると思いますが, 合格するにはこれらの力をバランスよく身につけることが求められています。5級では, 問題の出題パターンがある程度決まっています。過去問題はこのパターンを知るのに最適です。何度も解いて出題パターンをつかみましょう。

1 過去問を解いて出題パターンに慣れておこう

英検の出題パターンはある程度決まっています。本書の過去問を制限時間内に解いて, 出題形式や時間配分の仕方を知っておきましょう。

2 5級の単語を知っておこう!

5級によく出る単語や熟語を知っておくことが大切です。本書の解答と解説には「WORDS & PHRASES」という欄があり, 間違えやすい単語や熟語, 英検に頻出する重要単語や熟語を載せています。過去問を解いていて知らない単語や熟語が出てきたら, 答え合わせの際に確認しておきましょう。

3 リスニングテストの対策も忘れずに!

リスニングテストの本番で慌てて頭が真っ白……ということがないように, 本書のCDやアプリ音声を活用して実際に問題を解いておきましょう。問題を解くときは, 音声が読まれる前に, 先に選択肢に目を通しておくのもよいでしょう。

当日の準備と流れを確認しよう!

初めて英検を受けるという人の中には,試験がどんなふうに行われるのか不安に思っている人もいると思います。このページでは,試験当日の流れを順番に紹介します。これさえ読めばもう安心です!

● 当日の流れ

1 受付

▼ 当日は一次受験票または受験許可証を必ず持参しましょう。5級の場合は,受験票を持っていれば,受付での確認はしないので,そのまま教室へ向かいましょう。

2 教室へ移動

▼ 自分の受験する教室を確認し,着席します。受験番号によって教室がちがうので,よく確認すること。席に着いたら,受験票を机の上に出しておきましょう。また,携帯電話の電源は切っておきましょう。

3 冊子の配布

▼ 問題冊子と解答用紙が配られます。受験者心得の放送に従って,解答用紙に必要事項を記入しましょう。

4 試験開始

▼ 試験監督の合図で筆記試験開始! 試験監督の指示に従い,落ち着いてのぞみましょう。

一次試験 持ち物チェックリスト

この本でしっかり勉強したら，あとは試験日を待つだけ。でも，当日重要な受験書類を忘れてしまっては，せっかくの努力が水の泡！　そんな事態を避けるためにも，持ち物をチェックし，試験本番に備えましょう。

必ず持っていくもの

- ○ 一次受験票
- ○ HBの黒鉛筆やシャープペンシル（ボールペンは不可）
- ○ 消しゴム
- ○ 上ばき

※団体受験の場合は，受験票は手元にありませんので，先生の指示に従ってください。
※筆記用具は念のため，何本か用意しておくと安心です。

必要に応じて用意するもの

- ○ 腕時計（携帯電話・スマートフォンでの代用は不可）
- ○ ハンカチ
- ○ ティッシュ
- ○ 防寒用の服
- ○
- ○
- ○

そのほか，自分で必要だと思ったものを書いておこう

● その他の注意点！

試験が始まる前に，マークシート形式の解答用紙に名前や個人番号などの必要事項を書きます。英検のウェブサイトで内容を確認して，書き方を確認しておくとよいでしょう。

スピーキングテストについて知っておこう!

5級では,これまでの試験に加え,スピーキングテストが導入されました。
テストは一次試験の合否に関係なく,申し込みをすれば全員が受験できます。

● 5級の合否は,一次試験の結果のみで決まる

5級の級認定は,一次試験(筆記・リスニングテスト)の結果のみで合否が判定されるので,スピーキングテストの結果は5級の合否とは関係ありません。

● いつでも,どこでも受験できる

スピーキングテストを受験するときは,自宅や学校のパソコンなどからインターネットのスピーキングテストのサイトにアクセスしましょう。自分の都合に合わせていつでも受験することができます。

● スピーキングテストの流れ

▶ **英文の黙読・音読**

▶ **質問に答える**
- 音読した英文の内容についての質問[2問]
- あなたに関する質問[1問]

◎ スピーキングテストのくわしい説明は別冊96ページを見ましょう。

▶ 問題カードはイラストと,文章部分のpassage(パッセージ)でできています。

次の英文の黙読と音読をしたあと,質問に答えなさい。

Mark's Sister

Mark has a sister, and her name is Emma. She is nine years old. She likes music. She can play the piano well.

Questions

No.1　Please look at the passage.
　　　What is the name of Mark's sister?
No.2　How old is she?
No.3　How many brothers or sisters do you have?

スマホ用音声アプリについて

この本のCD音声は, 専用音声アプリでも聞くことができます。スマホやタブレット端末から, リスニングテストの音声を再生できます。アプリは, iOS, Android両対応です。

アプリのダウンロードと使い方

① サイトからアプリをダウンロードする
右の2次元コードを読み取るか, URLにアクセスして音声再生アプリ
「my-oto-mo(マイオトモ)」をダウンロードしてください。

② アプリを立ち上げて『英検過去問題集』を選択する
本書を選択するとパスワードが要求されるので, 以下のパスワード
を打ち込んでください。

ダウンロード
はこちら！

https://gakken-ep.jp/
extra/myotomo/

| Password | rgkeoth5 |

パソコン用MP3音声について

パソコンから下記URLにアクセスし, IDとパスワードを入力すると, MP3形式の音声ファイルをダウンロードすることができます。再生するには, Windows Media PlayerやiTunesなどの再生ソフトが必要です。

https://gakken-ep.jp/extra/eikenkako/2021/

| ID | eikenkako2021 | | Password | rgkeoth5 |

CDプレーヤーが
なくても大丈夫！

注意事項
・お客様のネット環境および携帯端末によりアプリをご利用できない場合, 当社は責任を負いかねます。ご理解, ご了承いただきますよう, お願いいたします。
・アプリケーションは無料ですが, 通信料は別途発生します。
※その他の注意事項はダウンロードサイトをご参照ください。

英検 **5** 級

2020 年度
第 1 回

2020 年 5 月 31 日実施
［試験時間］筆記試験（25 分）リスニングテスト（約 22 分）

解答用マークシートを使おう。

解答と解説　本冊 p.003

CD1 トラック番号 01-03

次の(1)から(15)までの（　）に入れるのに最も適切なものを 1, 2, 3, 4 の中から一つ選び，その番号のマーク欄をぬりつぶしなさい。

(1) My friend lives in Brazil. It's a nice (　　　).

1 drum　2 page　3 country　4 chalk

(2) **A** : Jane, do you know the (　　　) of Snow White?

B : Yes, of course. I love it.

1 story　2 letter　3 rain　4 clock

(3) (　　　) is the tenth month of the year.

1 July　　　　2 August

3 September　　4 October

(4) **A** : What do you usually have for (　　　), John?

B : Two eggs and toast.

1 breakfast　　2 cafeteria

3 morning　　　4 sport

(5) I (　　　) this dictionary at home.

1 use　2 know　3 cook　4 stop

(6) **A** : Do you play tennis, Yoko?

　　B : Yes. This is my (　　　　　).

　　1　racket　　　　　　　**2**　postcard

　　3　fork　　　　　　　　**4**　eraser

(7) In winter, I ski in the (　　　　　) with my family.

　　1　rooms　　**2**　houses　　**3**　desks　　**4**　mountains

(8) **A** : Do you want a (　　　　　) of tea?

　　B : Yes, please.

　　1　table　　**2**　cup　　**3**　chair　　**4**　fork

(9) **A** : I like Japanese music. (　　　　　) about you?

　　B : I like it, too.

　　1　Who　　**2**　What　　**3**　Where　　**4**　Which

(10) **A** : Let's (　　　　　) camping this summer, Dad.

　　B : OK, Tom.

　　1　take　　**2**　cook　　**3**　go　　**4**　wash

(11) *A* : Bob, let's have pizza for lunch.

     B : All (   ).

     1 right   **2** little   **3** happy   **4** new

(12) Nancy usually (   ) up around seven o'clock.

     1 gets   **2** knows **3** sees   **4** sleeps

(13) *A* : Do you know that woman?

     B : Yes, I (   ). She's the new English teacher.

     1 do   **2** is   **3** am   **4** does

(14) *A* : What is Jack doing now?

     B : He (   ) in his room.

     1 sleeping   **2** is sleeping

     3 am sleeping   **4** are sleeping

(15) This dictionary isn't (   ).

     1 my   **2** I   **3** yours   **4** she

2

次の(16)から(20)までの会話について，（　）に入れるのに最も適切なものを 1，2，3，4 の中から一つ選び，その番号のマーク欄をぬりつぶしなさい。

(16) **Teacher** : What day is it today?

　　Student : (　　　　)

　　1　It's Tuesday.　　　**2**　It's February.

　　3　It's five o'clock.　**4**　It's sunny.

(17) **Father** : Please don't eat in the car, Beth.

　　Girl : (　　　　) Dad.

　　1　It's not his,　　　**2**　I'm sorry,

　　3　See you next time,　**4**　I can't cook,

(18) **Girl** : What color is your new phone?

　　Boy : (　　　　)

　　1　It's cold.　　　**2**　It's black.

　　3　I'm good.　　　**4**　About $200.

(19)　　*Girl* : Can we go shopping today, Dad?

　　Father : (　　　　)

　　1　One, please.　　　**2**　Of course.

　　3　It's me.　　　　　**4**　This year.

(20)　*Mother* : I can't find the cat, Joe.

　　　Boy : (　　　　) Mom.

　　1　I'm happy,　　　　**2**　That's all,

　　3　She's in my room,　**4**　It's tomorrow,

3

次の(21)から(25)までの日本文の意味を表すように①から④までを並べかえて [   ] の中に入れなさい。そして，1番目と3番目にくるものの最も適切な組合せを 1，2，3，4 の中から一つ選び，その番号のマーク欄をぬりつぶしなさい。※ ただし，(   ) の中では，文のはじめにくる語も小文字になっています。

(21)　手伝ってくれてありがとう。

(① thank　② your　③ you　④ for)

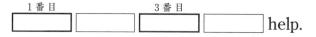help.

1 ②－①　　**2** ②－③　　**3** ③－④　　**4** ①－④

---

(22)　大阪は大都市です。

(① city　② a　③ big　④ is)

Osaka.

1 ③－①　　**2** ①－②　　**3** ④－③　　**4** ②－①

---

(23)　自分の部屋へ行って宿題をしなさい。

(① go　② and　③ your room　④ to)

[1番目   3番目   ]do your homework.

1 ②－④　　**2** ①－④　　**3** ①－③　　**4** ②－③

(24) 窓を閉めてくれますか。

(① the window　② close　③ can　④ you)

1番目		3番目	

, please?

1　③－②　　**2**　③－①　　**3**　④－①　　**4**　④－③

----

(25) 私の犬は3歳です。

(① is　② old　③ years　④ three)

My dog

1番目		3番目	

.

1　①－③　　**2**　②－①　　**3**　③－④　　**4**　③－①

リスニングテスト

1 このテストには, 第 1 部から第 3 部まであります。
◆英文は二度放送されます。

> **第 1 部** イラストを参考にしながら英文と応答を聞き, 最も適切な
> 応答を 1, 2, 3 の中から一つ選びなさい。

> **第 2 部** 対話と質問を聞き, その答えとして最も適切なものを 1, 2, 3,
> 4 の中から一つ選びなさい。

> **第 3 部** 三つの英文を聞き, その中から絵の内容を最もよく表してい
> るものを一つ選びなさい。

2 No. 25 のあと, 10 秒すると試験終了の合図がありますので, 筆記用具
を置いてください。

第 1 部

CD1
01

〔例題〕

No. 1

No. 2

No. 3

No. 4

No. 5

No. 6

No. 7

No. 8

No. 9

No.10

| No. 11 | **1** To school. | **2** To a game. |
| | **3** To his house. | **4** To the movies. |

| No. 12 | **1** David's. | **2** Peter's. |
| | **3** Emma's. | **4** Emma's friend's. |

| No. 13 | **1** $2.00. | **2** $2.06. |
| | **3** $2.16. | **4** $2.60. |

No. 14
1 She has a guitar lesson.
2 She has a trumpet lesson.
3 She has basketball practice.
4 She has softball practice.

| No. 15 | **1** Some jam. | **2** Some sugar. |
| | **3** Some salt. | **4** Some fruit salad. |

No. 16

No. 17

No. 18

No. 19

No. 20

No. 21

No. 22

No. 23

No. 24

No. 25

英検 **5** 級

2020年度
第2回

2020年10月11日実施
［試験時間］筆記試験（25分）リスニングテスト（約22分）

解答用マークシートを使おう。

解答と解説　本冊 p.021

CD1 トラック番号04-06

1

次の(1)から(15)までの（　　）に入れるのに最も適切なものを 1，2，3，4 の中から一つ選び，その番号のマーク欄をぬりつぶしなさい。

(1) **A** : Paul, what do you need for school?

   B : I need new pens and a (　　　　), Mom.

   1 bench　**2** coin　**3** notebook　**4** week

(2) **A** : Your hat is (　　　　). I like it.

   B : Thanks.

   1 pretty　**2** fast　**3** cold　**4** slow

(3) I don't (　　　　) dinner on Saturdays. I always go to a restaurant with my family.

   1 put　**2** sell　**3** cook　**4** carry

(4) **A** : Do you like (　　　　), Helen?

   B : Yes. I like apples.

   1 fruit　**2** meat　**3** bread　**4** fish

(5) **A** : Let's play tennis this afternoon, Alice.

   B : Sorry. I have a piano (　　　　).

   1 story　**2** book　**3** chair　**4** lesson

(6) **A** : Tom, come on! It's (   ) for dinner.

      B : OK, I'm coming.

      1 day   **2** noon   **3** hour   **4** time

(7) In summer, I often go swimming in the (   ) at school.

      1 classroom   **2** door

      3 pool   **4** cafeteria

(8) This train goes from Nagoya (   ) Osaka.

      1 about   **2** off   **3** to   **4** down

(9) **A** : What do you do in the evening?

      B : I watch the news (   ) TV.

      1 on   **2** about   **3** in   **4** from

(10) **A** : How (   ) is this pencil case?

      B : It's 200 yen.

      1 long   **2** much   **3** many   **4** old

(11) *A* : See you, Mom.

  B : (   ) a good day, Kevin.

  1 Go   **2** Take   **3** Live   **4** Have

(12) Lucy's mother comes home around seven every

  (   ).

  1 noon   **2** hour   **3** today   **4** night

(13) I play the piano, but my brother (   ).

  1 don't   **2** doesn't   **3** isn't   **4** aren't

(14) Mr. Spencer (   ) English at my school.

  1 teach   **2** teaches   **3** teaching   **4** to teach

(15) *A* : (   ) is that young man?

  B : He's Mr. Brown.

  1 When   **2** Who   **3** Why   **4** How

2

次の(16)から(20)までの会話について，（　）に入れるのに最も適切なものを 1，2，3，4 の中から一つ選び，その番号のマーク欄をぬりつぶしなさい。

(16) **Grandfather** : Happy birthday, Mary. （　　　）

　　　　　　Girl : Thank you, Grandpa.

1　That's her cake.

2　I'm sorry.

3　This present is for you.

4　It's rainy.

(17) **Boy** : Do you have any pets?

Girl : Yes, （　　　） One dog and two birds.

1　I have three.　　　**2**　it's me.

3　at eight.　　　　　**4**　you're OK.

(18) **Woman** : Are you a junior high school student?

　　　　Boy : （　　　）

1　Yes, I am.　　　　**2**　Good morning.

3　I use the bus.　　　**4**　I like science.

(19) **Sister** : What color is your new bag?

Brother : (   )

1 He's at home.   2 It's four o'clock.

3 The room is clean.   4 It's green.

(20) **Boy** : Hi, I'm Ken. I'm a new student.

Girl : (   ) Welcome to our school.

1 It's fine.   2 Nice to meet you.

3 You can go.   4 I enjoy it.

3

次の(21)から(25)までの日本文の意味を表すように①から④までを並べかえて ☐ の中に入れなさい。そして，1番目と3番目にくるものの最も適切な組合せを 1，2，3，4 の中から一つ選び，その番号のマーク欄をぬりつぶしなさい。※ ただし，（　）の中では，文のはじめにくる語も小文字になっています。

(21) きょうは何曜日ですか。

（① what ② of ③ day ④ the week）

1番目		3番目	

is it today?

1 ②－③　**2** ①－②　**3** ③－①　**4** ④－③

---

(22) 私達は私の家でポップコーンを作れます。

（① some popcorn ② we ③ make ④ can）

1番目		3番目	

at my house.

1 ④－②　**2** ③－②　**3** ②－③　**4** ①－③

---

(23) この部屋で話さないでください。

（① this room ② don't ③ in ④ talk）

Please
1番目		3番目	

.

1 ②－①　**2** ②－③　**3** ④－③　**4** ④－②

(24) あなたは次の日曜日はひまですか。

(① Sunday ② free ③ next ④ you)

Are [　1番目　] [　　　] [　3番目　] [　　　]?

1 ④－③　　**2** ③－④　　**3** ②－①　　**4** ①－②

----

(25) あなたはどこで勉強しますか。

(① do ② you ③ study ④ where)

[　1番目　] [　　　] [　3番目　] [　　　]?

1 ④－②　　**2** ③－①　　**3** ①－④　　**4** ②－③

リスニングテスト

1　このテストには，第1部から第3部まであります。
◆英文は二度放送されます。

第1部	イラストを参考にしながら英文と応答を聞き，最も適切な応答を1，2，3の中から一つ選びなさい。
第2部	対話と質問を聞き，その答えとして最も適切なものを1，2，3，4の中から一つ選びなさい。
第3部	三つの英文を聞き，その中から絵の内容を最もよく表しているものを一つ選びなさい。

2　No. 25 のあと，10秒すると試験終了の合図がありますので，筆記用具を置いてください。

CD1
04

第1部

〔例題〕

No. 1

No. 2

No. 3

No. 4

No. 5

No. 6

No. 7

No. 8

No. 9

No.10

第2部

CD1
05

No. 11	**1** On Friday.	**2** On Saturday.
	3 On Sunday.	**4** On Monday.

No. 12	**1** 13.	**2** 23.
	3 30.	**4** 33.

No. 13
1 Calling her friend.
2 Buying some food.
3 Making breakfast.
4 Cleaning the kitchen.

No. 14	**1** The boy.	**2** The boy's mother.
	3 The girl.	**4** The girl's mother.

No. 15	**1** Basketball.	**2** Volleyball.
	3 Baseball.	**4** Softball.

20年度 第2回

No. 16

No. 17

No. 18

No. 19

No. 20

No. 21

No. 22

No. 23

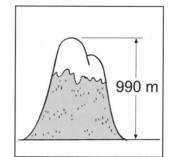

990 m

No. 24

No. 25

英検 5 級

2019 年度 第 1 回

2019 年 6 月 2 日実施
［試験時間］筆記試験（25 分）リスニングテスト（約 22 分）

解答用マークシートを使おう。

解答と解説　本冊　p.039

CD1 トラック番号 07-09

次の(1)から(15)までの（　　）に入れるのに最も適切なものを 1, 2, 3, 4 の中から一つ選び，その番号のマーク欄をぬりつぶしなさい。

(1) It's very hot. Please (　　　　) the window.

1 open **2** clean **3** read **4** like

(2) I don't (　　　　) dinner on Saturdays. I go to a restaurant with my friends.

1 paint **2** play **3** cook **4** use

(3) **A** : Ted, what do you (　　　　) for your birthday?

B : A new bike.

1 want **2** meet **3** stop **4** start

(4) **A** : Kate, is that your brother?

B : Yes. He's a high school (　　　　).

1 student **2** team **3** class **4** book

(5) **A** : Do you eat rice for (　　　　), Taro?

B : No, I have eggs and toast.

1 newspaper **2** spoon

3 breakfast **4** light

(6) **A** : Excuse me, how much is this book?

　　B : It's six (　　　　) yen.

　　1　feet　　　　　　　　**2**　gram

　　3　hundred　　　　　　**4**　meter

(7) I often go to the park and play soccer (　　　　).

　　1　those　　**2**　there　　**3**　this　　**4**　that

(8) I like my new math teacher. She comes (　　　　)
　　Okinawa.

　　1　about　　**2**　under　　**3**　at　　　**4**　from

(9) **A** : Hello, Mr. Wilson.

　　B : Hi, Jim. Please (　　　　) down.

　　1　speak　　**2**　do　　　**3**　be　　　**4**　sit

(10) Miki's grandparents (　　　　) in Nagoya.

　　1　stand　　**2**　live　　**3**　know　　**4**　get

(11) **A** : Do you like English?

　　B : Yes, (　　　　) course.

　　1　in　　　**2**　out　　**3**　on　　　**4**　of

(12) *A* : What (　　　) is it, Danny?

　　 B : It's four o'clock.

　　 1 day　　 **2** time　　 **3** month　　 **4** week

(13) *A* : (　　　) do you get to school, Jason?

　　 B : By train.

　　 1 How　　 **2** Why　　 **3** When　　 **4** Where

(14) I like Tom. (　　　) often play computer games at my house.

　　 1 Us　　 **2** We　　 **3** Our　　 **4** Ours

(15) *A* : Is this Amy's racket?

　　 B : Yes, it's (　　　).

　　 1 she　　 **2** her　　 **3** their　　 **4** hers

2

次の(16)から(20)までの会話について，（　）に入れるのに最も適切なものを 1，2，3，4 の中から一つ選び，その番号のマーク欄をぬりつぶしなさい。

(16) **Woman** : Happy birthday, Fred. These chocolates are for you.

　　　 Man : (　　　　　)

1　Nice to meet you.　　**2**　It's on the desk.

3　Me, too.　　**4**　Thank you.

(17) **Mother** : Pete, do you like the blue shoes?

　　　 Boy : (　　　　　)

1　Yes, I play volleyball.

2　Yes, they're very easy.

3　No, I like the red ones.

4　No, they're at school.

(18) **Boy** : Suzie, (　　　　　)

　　　 Girl : It's my mom's.

1　where is the shop?　　**2**　when does it start?

3　whose hat is this?　　**4**　what do you like?

(19)   *Girl* : Goodbye, Mr. Hirasawa.

Teacher : Goodbye, Ellie. (   )

1 Have a nice weekend.

2 Please come in.

3 Let's play baseball.

4 I'm studying.

(20)   *Boy* : Do you have any brothers or sisters, Kate?

Girl : (   )

1 Yes, he is.

2 I know him.

3 I have a brother.

4 He's my father.

3

次の(21)から(25)までの日本文の意味を表すように①から④までを並べかえて□
の中に入れなさい。そして，1番目と3番目にくるものの最も適切な組合せを 1，
2，3，4 の中から一つ選び，その番号のマーク欄をぬりつぶしなさい。※ ただし，
（　）の中では，文のはじめにくる語も小文字になっています。

(21) その英語のレッスンはどれくらいの長さですか。

（① is　② how　③ long　④ the ）

1番目		3番目		

English lesson?

1 ③-②　　**2** ②-①　　**3** ③-④　　**4** ④-②

---

(22) 今日は曇っていません。

（① it　② cloudy　③ is　④ not ）

1番目		3番目		

today.

1 ④-②　　**2** ②-③　　**3** ①-④　　**4** ③-④

---

(23) 私の父は 45 歳です。

（① forty-five　② is　③ old　④ years ）

My father

	1番目		3番目	

.

1 ③-①　　**2** ④-②　　**3** ①-③　　**4** ②-④

(24) あなたの妹さんは毎年スキーに行きますか。

(① go ② does ③ your sister ④ skiing)

1番目		3番目	
				every year?

1 ②-① **2** ③-④ **3** ④-③ **4** ③-①

---

(25) あなたは昼食に何を作っていますか。

(① are ② making ③ what ④ you)

1番目		3番目	
				for lunch?

1 ③-④ **2** ①-② **3** ②-③ **4** ④-①

リスニングテスト

1 このテストは，第1部から第3部まであります。
◆英文は二度放送されます。

> 第1部　イラストを参考にしながら英文と応答を聞き，最も適切な応答を1，2，3の中から一つ選びなさい。

> 第2部　対話と質問を聞き，その答えとして最も適切なものを1，2，3，4の中から一つ選びなさい。

> 第3部　三つの英文を聞き，その中から絵の内容を最もよく表しているものを一つ選びなさい。

2 No. 25のあと，10秒すると試験終了の合図がありますので，筆記用具を置いてください。

第1部

CD1
07

〔例題〕

No. 1

No. 2

No. 3

No. 4

No. 5

No. 6

No. 7

No. 8

No. 9

No.10

| No. 11 | 1 To school. | 2 To the store. |
| | 3 To the library. | 4 To a restaurant. |

| No. 12 | 1 The black one. | 2 The blue one. |
| | 3 The red one. | 4 The yellow one. |

| No. 13 | 1 On March 6th. | 2 On March 16th. |
| | 3 On May 6th. | 4 On May 16th. |

| No. 14 | 1 Two. | 2 Three. |
| | 3 Four. | 4 Five. |

| No. 15 | 1 Playing baseball. | 2 Playing soccer. |
| | 3 Going to school. | 4 Making sandwiches. |

No. 16

No. 17

No. 18

No. 19

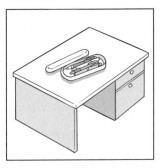

No. 20

No. 21

No. 22

No. 23

No. 24

No. 25

英検 5 級

2019年度
第2回

2019年10月6日実施
［試験時間］筆記試験（25分）リスニングテスト（約22分）

解答用マークシートを使おう。

解答と解説　本冊　p.057

CD2 トラック番号01-03

1

次の(1)から(15)までの（　　）に入れるのに最も適切なものを 1, 2, 3, 4 の中から
一つ選び，その番号のマーク欄をぬりつぶしなさい。

(1)　*A* : How do you go to school, Jason?

　　B : I go (　　　　) train.

　　1　with　　　2　of　　　3　by　　　4　on

(2)　*A* : What (　　　　) do you like?

　　B : I like green.

　　1　year　　　2　song　　　3　color　　　4　movie

(3)　*A* : Where is Mike?

　　B : He is playing baseball at the (　　　　).

　　1　time　　　2　park　　　3　face　　　4　world

(4)　It's sunny today. I (　　　　) a hat.

　　1　need　　　2　open　　　3　study　　　4　write

(5)　*A* : Do you have your bag, Steve?

　　B : Yes. It's (　　　　) the desk.

　　1　about　　　2　to　　　3　among　　　4　under

(6) This cap is too big. I want a (   ) one.

    1 tall   **2** busy   **3** high   **4** small

(7) *A :* Do you like (   )?

    B : Yes, I like cats and dogs.

    1 games   **2** dictionaries

    3 birds   **4** animals

(8) *A :* Let's (   ) shopping at the department store, Tina.

    B : OK.

    1 have   **2** go   **3** walk   **4** speak

(9) *A :* Excuse (   ). Where is the library?

    B : It's over there.

    1 him   **2** me   **3** her   **4** them

(10) *A :* Do you like grapes, Jimmy?

    B : No, I don't. How (   ) you, Ann?

    A : I love them.

    1 down   **2** up   **3** about   **4** of

(11) **A** : Where is Mike?

  B : He's sleeping in (   ).

  1 week   **2** year   **3** noon   **4** bed

(12) Kazuko's father reads the newspaper (   ) the morning.

  1 on   **2** in   **3** to   **4** of

(13) **A** : (   ) is your birthday?

  B : It's August 30th.

  1 How   **2** When   **3** Who   **4** Where

(14) My brother plays basketball, but I (   ).

  1 isn't   **2** aren't **3** don't   **4** doesn't

(15) **A** : (   ) are my dad's shoes.

  B : Wow! They are really big.

  1 This   **2** Them   **3** That   **4** These

2

次の(16)から(20)までの会話について，（　）に入れるのに最も適切なものを 1, 2, 3, 4 の中から一つ選び，その番号のマーク欄をぬりつぶしなさい。

(16) **Woman** : Do you want some tea?

　　 Man : (　　　　)

　　 1　Four dollars, please.　2　Yes, please.
　　 3　For two hours.　　　 4　It's a cake.

(17) **Girl 1** : Your baby brother is really cute. (　　　　)
　　 Girl 2 : He's three.
　　 1　Who is he?　　　　　2　When is it?
　　 3　How old is he?　　　 4　Where are you?

(18) 　 **Girl** : Where are you going?
　　 Mother : (　　　　) I want some eggs.
　　 1　My friend.　　　　　2　This week.
　　 3　On the table.　　　　4　To the supermarket.

(19) 　 **Man** : Hi, Ellen. (　　　　)
　　 Woman : Thank you, Scott. It's pretty.
　　 1　This flower is for you.
　　 2　I have one, too.
　　 3　She's not here.
　　 4　It's today.

(20) **Boy** : Are you a student?

Girl : (　　　　) I go to high school.

1　At seven o'clock.　　2　No, thank you.

3　That's right.　　　　4　Some pencils.

3

次の(21)から(25)までの日本文の意味を表すように①から④までを並べかえて□□□□□の中に入れなさい。そして，１番目と３番目にくるものの最も適切な組合せを 1，2，3，4 の中から一つ選び，その番号のマーク欄をぬりつぶしなさい。※ ただし，( ) の中では，文のはじめにくる語も小文字になっています。

(21) 私の祖母は東京に住んでいます。

(① grandmother ② Tokyo ③ lives ④ in)

My 　　□□□□ 　　□□□□ 　　□□□□ 　　□□□□ .

1　④ － ②　　**2**　③ － ②　　**3**　① － ④　　**4**　② － ①

---

(22) ジョーンズ先生，私たちの学校へようこそ。

(① school ② to ③ our ④ welcome)

Mr. Jones, 　□□□□ 　　□□□□ 　　□□□□ 　　□□□□ .

1　④ － ③　　**2**　④ － ①　　**3**　② － ③　　**4**　② － ④

---

(23) 図書館で昼食を食べてはいけません。

(① eat ② in ③ your lunch ④ don't)

□□□□ 　　□□□□ 　　□□□□ 　　□□□□ the library.

1　④ － ①　　**2**　④ － ③　　**3**　① － ②　　**4**　① － ③

(24)　私はよく夜にテレビを見ます。

（① TV　② at　③ night　④ watch ）

I often ▢[1番目] ▢ ▢[3番目] ▢ .

1　③−①　　**2**　②−③　　**3**　①−④　　**4**　④−②

---

(25)　ごめんなさい，ジャック。今あなたと話ができません。

（① can't　② you　③ with　④ speak ）

I'm sorry, Jack. I ▢[1番目] ▢ ▢[3番目] ▢ now.

1　②−①　　**2**　①−③　　**3**　④−③　　**4**　③−②

リスニングテスト

1 このテストは，第1部から第3部まであります。
◆英文は二度放送されます。

第1部 イラストを参考にしながら英文と応答を聞き，最も適切な応答を1，2，3の中から一つ選びなさい。

第2部 対話と質問を聞き，その答えとして最も適切なものを1，2，3，4の中から一つ選びなさい。

第3部 三つの英文を聞き，その中から絵の内容を最もよく表しているものを一つ選びなさい。

2 No. 25のあと，10秒すると試験終了の合図がありますので，筆記用具を置いてください。

第1部

CD2
01

〔例題〕

No. 1

No. 2

No. 3

No. 4

No. 5

No. 6

No. 7

No. 8

No. 9

No.10

| No. 11 | 1 | A dog. | 2 | A fish. |
| | 3 | A cat. | 4 | A bird. |

| No. 12 | 1 | $1. | 2 | $3. |
| | 3 | $10. | 4 | $30. |

| No. 13 | 1 | Brown. | 2 | Purple. |
| | 3 | Green. | 4 | Yellow. |

| No. 14 | 1 | Mary's. | 2 | Mary's father's. |
| | 3 | Lisa's. | 4 | Lisa's brother's. |

| No. 15 | 1 | April 10. | 2 | April 15. |
| | 3 | August 10. | 4 | August 15. |

No. 16

No. 17

No. 18

No. 19

No. 20

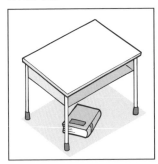

No. 21

No. 22

No. 23

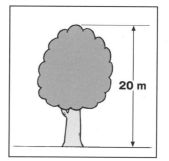

No. 24

No. 25

英検 5 級

2019 年度
第 3 回

2020 年 1 月 26 日実施
[試験時間] 筆記試験 (25 分) リスニングテスト (約 22 分)

解答用マークシートを使おう。

解答と解説　本冊 p.075

CD2 トラック番号 04-06

1

次の(1)から(15)までの（　　）に入れるのに最も適切なものを 1，2，3，4 の中から一つ選び，その番号のマーク欄をぬりつぶしなさい。

(1) **A** : What color do you like, Sue?

B : I like (　　　　　).

1 pink　　2 tennis　　3 fish　　4 ice

(2) **A** : What do you (　　　　　) with your lunch, Mick?

B : Tomato juice.

1 wash　　2 run　　3 come　　4 drink

(3) It's very (　　　　　) in Tokyo this summer.

1 soft　　2 fast　　3 hot　　4 high

(4) **A** : When do you do your homework, Ted?

B : (　　　　　) dinner. After dinner, I read a book.

1 Up　　2 Of　　3 Before　　4 On

(5) **A** : Let's make sandwiches for lunch, Mom.

B : We can't. We don't have (　　　　　).

1 snow　　2 rain　　3 bread　　4 ice

(6) *A* : Is this your (   ) phone, Alice?

    B : No, Dad. It's my old one.

    1 new   **2** long   **3** every   **4** all

(7) *A* : Do you have any homework today, Becky?

    B : Yes, science homework. It's (   ).

    1 tall   **2** slow   **3** easy   **4** little

(8) David is (   ) to music in his room.

    1 playing **2** getting **3** seeing **4** listening

(9) *A* : Welcome (   ) my house. Please come in.

    B : Thank you.

    1 down   **2** to   **3** over   **4** of

(10) Jack (   ) swimming with his brother at the pool
every weekend.

    1 goes   **2** walks   **3** sits   **4** speaks

(11) *A* : Let's (   ) about summer camp.

    B : OK.

    1 sleep   **2** talk   **3** know   **4** open

(12) *A* : How (　　　　) are these grapes?

B : 400 yen.

1 about　**2** much　**3** fast　**4** old

(13) *A* : (　　　　) Lucy play tennis every Saturday?

B : No, she doesn't.

1 Am　**2** Are　**3** Do　**4** Does

(14) I can (　　　　) Mt. Fuji from my house.

1 see　**2** sees　**3** seeing　**4** saw

(15) *A* : (　　　　) is Janet from?

B : She's from Singapore.

1 Why　**2** Who　**3** Whose　**4** Where

2

次の(16)から(20)までの会話について，（　）に入れるのに最も適切なものを 1，2，3，4 の中から一つ選び，その番号のマーク欄をぬりつぶしなさい。

(16) ***Girl*** : Who is that man?

　　Boy : (　　　　)

　　1　He's my teacher.　　**2**　That's it.

　　3　No, it isn't.　　**4**　See you tomorrow.

(17) 　　***Boy*** : What is the date today?

　　Mother : (　　　　)

　　1　I go in July.　　**2**　It's five o'clock.

　　3　It's August 1st.　　**4**　I like spring.

(18) ***Boy*** : Do you play computer games every day?

　　Girl : No, (　　　　)

　　1　in my room.　　**2**　only on Sundays.

　　3　I'm not.　　**4**　this is yours.

(19) ***Girl*** : Which notebook is yours?

　　Boy : (　　　　)

　　1　Yes, I can.　　**2**　It's 100 yen.

　　3　That's right.　　**4**　The black one.

(20) *Girl* : How are you today, Mrs. Conlin?

Woman : (   ) thank you.

1 It's mine, 　　　　**2** Tomorrow,

3 My friend, 　　　　**4** I'm fine,

3

次の(21)から(25)までの日本文の意味を表すように①から④までを並べかえて □
の中に入れなさい。そして，1番目と3番目にくるものの最も適切な組合せを 1，
2，3，4 の中から一つ選び，その番号のマーク欄をぬりつぶしなさい。※ ただし，
（　）の中では，文のはじめにくる語も小文字になっています。

(21)　あなたは CD を何枚買えますか。

（① many　② CDs　③ how　④ can）

1番目		3番目	
			|you buy?

1　③−②　　**2**　④−③　　**3**　②−④　　**4**　①−②

(22)　子供たちは公園にいますか。

（① at　② the children　③ the park　④ are）

1番目		3番目	
			|?

1　①−④　　**2**　②−③　　**3**　③−②　　**4**　④−①

(23)　アンとトムはお父さんとテニスをしています。

（① are　② Tom　③ playing　④ tennis）

Ann and
1番目		3番目	
			|with their
father.

1　①−③　　**2**　①−④　　**3**　②−③　　**4**　②−④

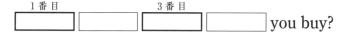

(24) 私の姉は毎日お皿を洗います。

(① the dishes ② my ③ washes ④ sister)

1番目		3番目	
			|every day.

1 ③－②   **2** ④－③   **3** ①－④   **4** ②－③

----

(25) サラ，朝食の時間ですよ。

(① time ② it's ③ breakfast ④ for)

Sarah,
1番目		3番目	
			|.

1 ①－③   **2** ②－④   **3** ④－①   **4** ③－②

リスニングテスト

1 このテストは，第1部から第3部まであります。
◆英文は二度放送されます。

第1部 イラストを参考にしながら英文と応答を聞き，最も適切な応答を1，2，3の中から一つ選びなさい。

第2部 対話と質問を聞き，その答えとして最も適切なものを1，2，3，4の中から一つ選びなさい。

第3部 三つの英文を聞き，その中から絵の内容を最もよく表しているものを一つ選びなさい。

2 No. 25 のあと，10 秒すると試験終了の合図がありますので，筆記用具を置いてください。

第1部

〔例題〕

No. 1

No. 2

No. 3

No. 4

No. 5

No. 6

No. 7

No. 8

No. 9

No.10

第2部

No. 11	1	She takes a bus.
	2	She goes by bike.
	3	She takes a train.
	4	She goes with her mother.

| No. 12 | 1 | On his bed. | 2 | Under his desk. |
| | 3 | In the kitchen. | 4 | At school. |

No. 13	1	Eating a cake.
	2	Having a party.
	3	Making cookies.
	4	Going to school.

No. 14	1	Every November.
	2	Every December.
	3	Every January.
	4	Every February.

| No. 15 | 1 | A textbook. | 2 | A letter. |
| | 3 | An e-mail. | 4 | A magazine. |

No. 16

No. 17

No. 18

No. 19

No. 20

No. 21

No. 22

No. 23

No. 24

No. 25

英検 **5** 級

合格力
チェックテスト

［試験時間］筆記試験（25分）リスニングテスト（約22分）

解答用マークシートを使おう。

解答と解説　本冊 p.093

CD2 トラック番号07-09

5級 合格力チェックテスト

1

次の(1)から(15)までの（　）に入れるのに最も適切なものを 1, 2, 3, 4 の中から一つ選び, その番号のマーク欄をぬりつぶしなさい。

(1) My favorite (　) is baseball.

    1 song　　**2** sport　　**3** food　　**4** subject

(2) (　) is the seventh month of the year.

    1 June　　**2** July　　**3** August　　**4** September

(3) Let's start today's class, everyone. Open your textbooks to (　) 34.

    1 word　　**2** hour　　**3** page　　**4** ground

(4) *A :* Does your brother like basketball?

    B : Yes. He often (　) basketball games on the Internet.

    1 sings　　**2** swims　　**3** drinks　　**4** watches

(5) This table is too (　). I need a big one.

    1 small　　**2** high　　**3** long　　**4** sorry

(6) **A** : What do you do at (   ) class?

    B : I sing some songs with my classmates.

    1 science   **2** sport   **3** history   **4** music

(7) **A** : Your dog is small and (   ), Brad.

    B : Thanks, Emily. He is six months old now.

    1 big   **2** hot   **3** cute   **4** sour

(8) **A** : It's too cold, Alex. Please (   ) the window.

    B : OK, Dad.

    1 have   **2** help   **3** put   **4** close

(9) I always drink a (   ) of hot milk before breakfast.

    1 cup   **2** chair   **3** mouth   **4** book

(10) I watch soccer games (   ) TV every weekend.

    1 on   **2** in   **3** to   **4** from

(11) *A* : Where is Lucas?

　　B : He's (　　　　) soccer at school now.

　　1 practice　　　　　　**2** practices

　　3 practicing　　　　　**4** to practice

(12) My dogs are Rex and Danny. (　　　　) are big and cool.

　　1 It　　　**2** He　　　**3** We　　　**4** They

(13) I know Ms. Smith. (　　　　) teaches English.

　　1 She　　**2** I　　　**3** They　　**4** You

(14) *A* : (　　　　) touch the computer, Nick.

　　B : Sorry, Dad.

　　1 Don't　**2** Isn't　**3** Aren't　**4** Doesn't

(15) *A* : (　　　　) CD is this? I like this singer.

　　B : It's mine. I like her, too.

　　1 What　**2** Who　**3** How　**4** Whose

2

次の(16)から(20)までの会話について，（　　）に入れるのに最も適切なものを 1，2，3，4 の中から一つ選び，その番号のマーク欄をぬりつぶしなさい。

(16) ***Boy*** : Thank you for the delicious cake, Mom.

Mother : (　　　　　) Alex.

1 You're welcome,　　　　**2** No thanks,

3 Here you are,　　　　　**4** Good job,

(17) ***Man*** : Excuse me. Where is the bus stop?

Woman : (　　　　　) I don't know.

1 Good idea.　　　　**2** I'm sorry.

3 Me, too.　　　　　**4** It's mine.

(18) ***Teacher*** : What do you do after dinner, Lucas?

Student : (　　　　　)

1 It's eight o'clock.　　　**2** I'm here.

3 It's my favorite food.　　**4** I read a book.

(19) ***Girl*** : Where's my skirt?

Mother : (　　　　　)

1 It's over there.　　　**2** Yes, you can.

3 It's very cute.　　　　**4** This is new.

(20)　　**Man** : Do you like music?

　　Woman : Yes, very much. (　　　　)

1　It's for you.　　　　**2**　That's all.

3　It's a CD shop.　　　**4**　I play the guitar.

3

次の(21)から(25)までの日本文の意味を表すように①から④までを並べかえて □ の中に入れなさい。そして，1番目と3番目にくるものの最も適切な組合せを 1, 2, 3, 4 の中から一つ選び，その番号のマーク欄をぬりつぶしなさい。※ ただし， （　）の中では，文のはじめにくる語も小文字になっています。

(21) サラはシドニー出身です。

（① Sydney　② is　③ Sarah　④ from ）

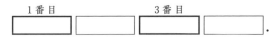

| 1番目 | | 3番目 | |

1　①−③　　**2**　②−③　　**3**　③−①　　**4**　③−④

---

(22) お会いできてうれしいです，グリーンさん。

（① you　② meet　③ nice　④ to ）

| 1番目 | | 3番目 | |, Mr. Green.

1　③−②　　**2**　①−④　　**3**　③−④　　**4**　①−②

---

(23) ぼくの妹は，今，自分の部屋を掃除しています。

（① is　② her room　③ my sister　④ cleaning ）

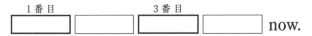

| 1番目 | | 3番目 | | now.

1　③−②　　**2**　③−④　　**3**　②−③　　**4**　④−①

⑭ この自転車はいくらですか。

(① much ② is ③ how ④ this bike)

1番目		3番目	
			|?

1 ①-② **2** ③-④ **3** ④-③ **4** ③-②

---

⑮ 私は毎日夕食を作ります。

(① every ② I ③ dinner ④ cook)

1番目		3番目	
				day.

1 ①-④ **2** ③-① **3** ②-③ **4** ④-②

リスニングテスト

1 このテストは，第1部から第3部まであります。
◆英文は二度放送されます。

第1部	イラストを参考にしながら英文と応答を聞き，最も適切な応答を1, 2, 3の中から一つ選びなさい。
第2部	対話と質問を聞き，その答えとして最も適切なものを1, 2, 3, 4の中から一つ選びなさい。
第3部	三つの英文を聞き，その中から絵の内容を最もよく表しているものを一つ選びなさい。

2 No. 25のあと，10秒すると試験終了の合図がありますので，筆記用具を置いてください。

第1部

CD 2
07

〔例題〕

No. 1

No. 2

No. 3

No. 4

No. 5

No. 6

No. 7

No. 8

No. 9

No.10

| No. 11 | **1** $8. | **2** $13. |
| | **3** $38. | **4** $83. |

No. 12
1 She plays basketball.
2 She plays the piano.
3 She goes to school.
4 She goes to the library.

| No. 13 | **1** Danny. | **2** Danny's sister. |
| | **3** Carol. | **4** Carol's sister. |

No. 14
1 In bed.
2 In the kitchen.
3 In the living room.
4 In the bathroom.

No. 15
1 Every day.
2 On weekends.
3 On Thursdays.
4 On Fridays.

No. 16

No. 17

No. 18

No. 19

No. 20

No. 21

No. 11	**1** $8.	**2** $13.
	3 $38.	**4** $83.

No. 12	**1** She plays basketball.
	2 She plays the piano.
	3 She goes to school.
	4 She goes to the library.

No. 13	**1** Danny.	**2** Danny's sister.
	3 Carol.	**4** Carol's sister.

No. 14	**1** In bed.
	2 In the kitchen.
	3 In the living room.
	4 In the bathroom.

No. 15	**1** Every day.
	2 On weekends.
	3 On Thursdays.
	4 On Fridays.

英検 5 級 合格力チェックテスト

No. 16

No. 17

No. 18

No. 19

No. 20

No. 21

No. 22

No. 23

No. 24

No. 25

スピーキングテストって
どんなことをするの?

● なぜ始まったの?

近年,「読む」「聞く」「書く」「話す」をバランスよく身につけることが,重要視されるようになってきました。「はじめての英検」として受験することも多い5級では,上位級をめざす励みとなるよう,一次試験の合否に関係なく受験できるスピーキングのテストが追加されました。

● テストの形式は?

パソコンを使った録音形式で行われます。面接委員との対面式ではありません。スピーキングテストは,画面に提示された英文(パッセージ)の黙読・音読のあとに,英語の質問に答えるという形式で行われます。

● 5級スピーキングテストの流れ

1 問題カードの黙読(20秒間)

▼ 英文とイラストが画面に提示され, First, please read the passage silently for 20 seconds.(まず,20秒間英文を声に出さずに読みなさい。)のように,英文を黙読するように指示されます。音読に備え,英文の意味を理解しておきましょう。

2 問題カードの音読

▼ 次に, All right. Now, please read it aloud.(では,声に出して読みなさい。)のように,英文を音読するように指示されます。意味のまとまりを意識して読むようにしましょう。

3 問題カードを見ながら質問に答える

▼ 音読が終わると,質問に移ります。質問には,主語と動詞のある完全な文で答えるようにしましょう。What(何)やWhen(いつ)などのような疑問詞をしっかり聞き取ることがポイントです。

4 あなた自身についての質問に答える

▼ What animal do you like?(あなたはどんな動物が好きですか。)などのように,受験者自身のことについて質問されます。

スピーキングテストを
受けるための準備

ここでは, スピーキングテストを受けるにあたって, 必要なものや準備しておくものを紹介します。家や学校などで好きなときに受験できます。(ただし, 受験回数は, 1回の申し込みにつき1回のみ。)

必要なもの

パソコン

または

スマートフォンなど

ヘッドセット
(必要に応じて)

英検IDと
パスワード

かかる時間

およそ
25分
(テスト自体は
約**3分**です)

動作環境について

英検のウェブサイトでは, パソコンが正しく動作するかどうかを事前に確認することができます。

受験方法

1 ログインして, 受験する級を選ぶ

▼ ログインするときには, 英検IDとパスワードを入力します。

2 テスト前の動作環境をチェックする

▼ 通信環境, パソコンの動作環境などのチェックをします。
音量などの調節や, 録音できるかどうかの確認もします。

3 テストのそれぞれの画面についての説明を聞く

▼ テストで表示される画面や形式などについての説明を聞きます。
テストをどんな手順で進めればいいのかをしっかり確認しましょう。

4 テスト開始!

▼ 確認した手順にしたがって, テストを受けましょう。
あせらずに落ち着いて, テストにのぞみましょう。

これをやれば受かる！
とっておきアドバイス

● **英文を読むときは，落ち着いてていねいに**

音読するときには，速く読む必要はありません。スピードは関係ないので，落ち着いててていねいに読むことを心がけましょう。

● **文と文の間を少しあけて読む**

全部の文を区切りなく続けて読むのではなく，文と文の間やコンマ(,)のあとは，少し間をあけて読むようにしましょう。

● **問題カードのイラストをよく見る**

質問では，イラストの内容に関することも問われます。イラストにはどんな人物・動物がいて，どこで何をしているかなどをよく確認しておきましょう。答えはカードの中にあるので，あせらずにイラストと文をよく見て答えましょう。

● **一度で聞き取れなくてもあせらない**

「質問が聞き取れなかった！」と，あわてなくても大丈夫！　質問は，2回まで聞くことができます。落ち着いて，再度質問を聞くようにしましょう。質問を聞き取るときは，最初の疑問詞に注意して聞きましょう。

※スピーキングテストの内容は変更になる場合があります。最新の情報は，英検を実施している公益財団法人 日本英語検定協会 のウェブサイト https://www.eiken.or.jp/ を確認してください。

次のページで，実際に問題を解いてみよう。

スピーキングテスト [予想問題1]

つぎ えいぶん もくどく おんどく
次の英文の黙読と音読をしたあと, 質問に答えなさい。

Mark's Sister

Mark has a sister, and her name is Emma. She is nine years old. She likes music. She can play the piano well.

Questions

No.1   Please look at the passage.

      What is the name of Mark's sister?

No.2   How old is she?

No.3   How many brothers or sisters do you have?

スピーキングテスト［予想問題2］

次の英文の黙読と音読をしたあと，質問に答えなさい。

In the Living Room

Ben is in the living room. He is watching TV. His cat is sleeping on the sofa. He likes his cat very much.

Questions

No.1　Please look at the passage.
　　　What is Ben doing?

No.2　Where is his cat?

No.3　What animal do you like?

問題カードの訳

マークの妹
マークには妹がいます, そして, 彼女の名前はエマです。彼女は9歳です。彼女は音楽が好きです。彼女はピアノを上手にひくことができます。

No.1
質問の訳 英文を見てください。マークの妹の名前は何ですか。

> **解答例**
> It is Emma. / Her name is Emma.
> [訳] それはエマです。/ 彼女の名前はエマです。

解説 質問では the name of Mark's sister（マークの妹の名前）を聞いています。英文の最初の文の後半から, Emma（エマ）だとわかります。Emma. とだけ答えるのではなく, It is Emma. や Her name is Emma. などのような文の形で答えます。

No.2
質問の訳 彼女は何歳ですか。

> **解答例**
> She is nine years old. / She is nine.
> [訳] 彼女は9歳です。

解説 質問の How old は「何歳?」と「年齢」をたずねる言い方です。2つめの文から, Emma が nine years old（9歳）だとわかります。ここでも Nine years old. とだけ答えるのではなく, She is nine years old. や She is nine. のように, She is で始める形で答えましょう。

No.3
質問の訳 あなたには兄弟や姉妹が何人いますか。

> **解答例**
> I have two brothers.
> [訳] 私には兄弟が二人います。

解説 3つめの質問では, あなた自身についてたずねられます。How many 〜? には数を答えます。One. や Two. のように数だけを答えるのではなく, I have a sister.（私には姉妹が一人います。）などのように主語と動詞のある文で答えます。いない場合には, I don't have any brothers or sisters.（私には一人もきょうだいがいません。）などと答えます。

問題カードの訳

リビングルームで
ベンはリビングルームにいます。彼はテレビを見ています。彼のねこはソファーの上でねむっています。彼は彼のねこが大好きです。

No.1 英文を見てください。ベンは何をしていますか。
質問の訳

解答例
He is watching TV.
[訳] 彼はテレビを見ています。

解説
英文の2つめの文から, ベンは「テレビを見ている」ことがわかります。答えはその文をそのままぬいて, He is watching TV.で答えます。

No.2 彼のねこはどこにいますか。
質問の訳

解答例
It is on the sofa.
[訳] それはソファーの上にいます。

解説
質問の Where は「どこに?」と「場所」をたずねる語です。3つめの文から, on the sofa（ソファーの上）だとわかります。ここでは On the sofa.とだけ答えるのではなく, It is on the sofa.のように, It isまたはIt'sで始める形で答えましょう。

No.3 あなたは何の動物が好きですか。
質問の訳

解答例
I like dogs.
[訳] 私は犬が好きです。

解説
3つめの質問では, あなた自身についてたずねられます。たずねられているのは「好きな動物」なので, 動物名を具体的に答えます。I like のあとに自分の好きな動物を言いましょう。このとき, dogs（犬）, cats（ねこ）のように複数形にすることにも注意しましょう。

memo

memo

英検®

年度
2021

推奨
日本英語検定協会
英検

5

級

過去問題集

Gakken

CONTENTS

英検 **5** 級

2020年度・第1回　解答と解説

筆記 [p.014 − p.020]

1
(1) 3	(2) 1	(3) 4	(4) 1	(5) 1
(6) 1	(7) 4	(8) 2	(9) 2	(10) 3
(11) 1	(12) 1	(13) 1	(14) 2	(15) 3

2
(16) 1	(17) 2	(18) 2	(19) 2	(20) 3

3
(21) 4	(22) 3	(23) 3	(24) 1	(25) 1

リスニング [p.021 − p.025]

第1部
[No.1] 1	[No.2] 2	[No.3] 1	[No.4] 1	[No.5] 3
[No.6] 3	[No.7] 2	[No.8] 1	[No.9] 2	[No.10] 3

第2部
[No.11] 4	[No.12] 2	[No.13] 4	[No.14] 1	[No.15] 1

第3部
[No.16] 3	[No.17] 3	[No.18] 1	[No.19] 2	[No.20] 3
[No.21] 2	[No.22] 1	[No.23] 1	[No.24] 2	[No.25] 1

(1)　私の友達はブラジルに住んでいます。そこはよい国です。
　　　1　たいこ　　　2　ページ　　　3　国　　　4　チョーク

　　☑　1文目でMy friend lives in Brazil.（私の友達はブラジルに住んでい
　　　　ます。）と言っており，2文目のItがブラジルを指していることから，
　　　　3が適切です。

　　📖 WORDS & PHRASES
　　┌───┐
　　│ □ live —住んでいる　 □ nice—よい　 □ country—国　 □ chalk—チョーク │
　　└───┘

(2)　A: ジェーン，あなたは白雪姫の物語を知っている？
　　　B: はい，もちろん。大好きよ。
　　　1　物語　　　2　手紙　　　3　雨　　　4　かけ時計

　　☑　空所のあとにSnow White（白雪姫）とあることから，1が適切です。
　　　　A of Bで「BのA」という意味を表します。

　　📖 WORDS & PHRASES
　　┌───┐
　　│ □ of course—もちろん　 □ story—物語　 □ letter—手紙　 □ rain—雨 │
　　└───┘

(3)　10月は1年の10番目の月です。
　　　1　7月　　　2　8月　　　3　9月　　　4　10月

　　☑　空所のあとにis the tenth month（10番目の月です）とあることから，
　　　　4が適切です。

　　📖 WORDS & PHRASES
　　┌───┐
　　│ □ tenth—10番目の　 □ year—年　 □ September—9月　 □ October—10月 │
　　└───┘

(4)　A: あなたはたいてい朝食に何を食べるの，ジョン？
　　　B: 卵を2個とトーストだよ。
　　　1　朝食　　　2　食堂，カフェテリア　　　3　朝　　　4　スポーツ

　　☑　BがTwo eggs and toast.（卵を2個とトーストだよ。）と答えている
　　　　ので，forに続く語として，1が適切です。

(5) 私は家ではこの辞書を使います。

　　1 〜を使う　　2 〜を知っている　　3 〜を料理する　　4 〜をやめる

　　✅ this dictionary at home（家ではこの辞書）が続く語として 1 が適切
　　です。

(6) A: あなたはテニスをするの, ヨウコ?
　　B: はい。これが私のラケットなの。

　　1 ラケット　　2 はがき　　3 フォーク　　4 消しゴム

　　✅ Aに Do you play tennis?（あなたはテニスをするの?）と聞かれてい
　　るので, テニスに関係する 1 が適切です。

(7) 冬には, 私は家族といっしょに山でスキーをします。

　　1 部屋　　2 家　　3 机　　4 山

　　✅ ski in the のあとの空所には「場所」を示す語が入ると考えられます。
　　スキーをする場所として適切なのは山なので, 4 が適切です。

(8) A: お茶を 1 杯いかがですか。
　　B: はい, お願いします。

　　1 テーブル　　2 カップ,（a cup of 〜で）1 杯の〜
　　3 いす　　　　4 フォーク

　　✅ 〈a cup of ＋飲み物〉で「1 杯の〜」という意味になるので, 2 が適切。

(9)　*A:* 私は日本の音楽が好きです。あなたはどうですか。

　　B: 私も好きです。

　　1　だれ　　2　何　　3　どこに　　4　どちら

📝　What about you?で「あなたはどうですか。」という意味を表すので，2が適切です。

(10)　*A:* 今年の夏にキャンプに行こうよ，お父さん。

　　B: いいよ，トム。

　　1　〜を連れていく　　2　〜を料理する　　3　行く　　4　〜を洗う

📝　直後のcampingとのつながりを考えると3が適切です。go 〜ingで「〜しに行く」という意味を表します。

(11)　*A:* ボブ，昼食にピザを食べよう。

　　B: いいですよ。

　　1　(**All right.**で)いいですよ　　2　小さい，少し
　　3　幸せな　　　　　　　　　　　　4　新しい

📝　All right.で「いいですよ。」と相手の意見を受け入れる表現になるので，1が適切です。

(12)　ナンシーはたいてい7時ごろに起きます。

　　1　(**get up**で)起きる　　2　知っている　　3　見る，会う　　4　眠る

✔️ get upで「起きる」という意味を表すので, **1**が適切です。

📖 **WORDS&PHRASES**

□ **around~**──~ごろに   □ **~ o'clock**──~時   □ **see**──会う, 見る

(13) *A:* あなたはあの女性を知っていますか。
B: はい, 知っています。彼女が新しい英語の先生です。
1 助動詞の do   2 3人称単数の主語の場合の be 動詞
3 主語が I の場合の be 動詞   4 助動詞 do の3人称単数現在形

- -

✔️ Do you ~?という疑問文に対しては, ふつうYes, I do. や No, I don't. と答えるので, **1**が適切です。

📖 **WORDS&PHRASES**

□ **know**──~を知っている   □ **woman**──女性   □ **new**──新しい   □ **teacher**──先生

(14) *A:* ジャックは今何をしているのですか。
B: 彼は自分の部屋で眠っています。
1 sleep (眠る)の ing 形
2 主語が3人称単数の場合の be 動詞 + sleep の ing 形
3 主語が I の場合の be 動詞 + sleep の ing 形
4 主語が you や複数の場合の be 動詞 + sleep の ing 形

- -

✔️ 主語の He のあとに続くものとして, **2**が適切です。〈be 動詞 + 動詞の ing 形〉で「~している」という意味を表します。

📖 **WORDS&PHRASES**

□ **what**──何   □ **now**──今   □ **his**──彼の   □ **room**──部屋

(15) この辞書はあなたのものではありません。
1 私の   2 私は   3 あなたのもの   4 彼女は

- -

✔️ 主語の This dictionary (この辞書)を説明するものとして,「あなたのもの」という意味の**3**が適切です。

📖 **WORDS&PHRASES**

□ **dictionary**──辞書   □ **my**──私の   □ **yours**──あなたのもの

(16)　先生: 今日は何曜日かな？
　　　生徒: 火曜日です。
　　　　　　1　火曜日です。
　　　　　　2　2月です。
　　　　　　3　5時です。
　　　　　　4　晴れです。

✓ What day is it today?（今日は何曜日ですか。）と曜日を聞いていることから，It's Tuesday.（火曜日です。）と曜日を答えている1が適切です。

📖 WORDS&PHRASES

□ today — 今日	□ Tuesday — 火曜日	□ February — 2月	□ sunny — 晴れた

(17)　父親: 車の中で食べないで，ベス。
　　　少女: ごめんなさい，お父さん。
　　　　　　1　それは彼のものではないわ，
　　　　　　2　ごめんなさい，
　　　　　　3　また今度ね，
　　　　　　4　お料理はできないわ，

✓ Please don't ～.（～しないでください。）と言われたことに対して，I'm sorry,（ごめんなさい，）と謝っている2が適切です。

📖 WORDS&PHRASES

□ eat — 食べる	□ car — 車	□ See you. — またね。	□ next time — 次回，今度

(18)　少女: あなたの新しい電話は何色？
　　　少年: 黒だよ。
　　　　　　1　寒いね。
　　　　　　2　黒だよ。
　　　　　　3　元気だよ。
　　　　　　4　約200ドルだよ。

✅ **What color is ~?**（~は何色ですか。）と色を聞かれているので，**It's black.**（黒だよ。）と答えている **2** が適切です。

📖 WORDS&PHRASES
□ **color**—色　□ **phone**—電話　□ **cold**—寒い　□ **good**—よい，元気な

(19) 少女: 今日買い物に行くことはできる，お父さん？
父親: もちろん。
1 一つお願いします。
2 もちろん。
3 私だよ。
4 今年だよ。

✅ **Can we ~?**（私たちは~できますか。）という質問に対する答えとして，**Of course.**（もちろん。）と yes の意味を表している **2** が適切です。

📖 WORDS&PHRASES
□ **go shopping**—買い物に行く　□ **Of course.**—もちろん。　□ **this year**—今年

(20) 母親: ねこが見つからないの，ジョー。
少年: ぼくの部屋にいるよ，お母さん。
1 うれしいよ，
2 それで全部だよ，
3 彼女（ねこ）はぼくの部屋にいるよ，
4 明日だよ，

✅ ねこが見つからないと困っている母親に対して，**She's in my room**（ぼくの部屋にいるよ）とねこの居場所を教えている **3** が適切です。

📖 WORDS&PHRASES
□ **find**—~を見つける　□ **That's all.**—それで全部です。　□ **tomorrow**—明日

⑵1 **(Thank you for your) help.**

✅ 「〜をありがとう。」はThank you for 〜.で表^{あらわ}します。

⑵2 **Osaka (is a big city).**

✅ 主語^{しゅご}のOsakaのあとには, be動詞^{どうし}のisが続^{つづ}きます。そのあとは〈a ＋ 形容詞^{けいようし}＋名詞^{めいし}〉の語順^{ごじゅん}になります。

⑵3 **(Go to your room and) do your homework.**

✅ 命令文^{めいれいぶん}は動詞^{どうし}の原形^{げんけい}で始^{はじ}めます。「〜に行^いく」はgo to 〜で表^{あらわ}し, その あとに「そして」の意味^{いみ}のandを続^{つづ}けます。

⑵4 **(Can you close the window), please?**

✅ Can you 〜?は, 「〜してくれますか。」と相手^{あいて}に依頼^{いらい}する文^{ぶん}として使^{つか} うことができます。文末^{ぶんまつ}にpleaseをつけるとていねいな表現^{ひょうげん}になりま す。

⑵5 **My dog (is three years old).**

✅ 「〜歳^{さい}です」と年齢^{ねんれい}を言^いいたいときは,〈数^{かず}＋ year(s) old〉を使^{つか}います。

リスニングテスト第1部

〈例題〉

"Is this your bag?"	「これはあなたのかばん？」
1 Sure, I can.	1 「もちろん，できるよ。」
2 On the chair.	2 「いすの上だよ。」
3 Yes, it is.	**3 「うん，そうだよ。」**

No.1

"When is your birthday, Chris?"	「あなたの誕生日はいつ，クリス？」
1 It's December thirteenth.	**1 「12月13日だよ。」**
2 Here it is.	2 「はい，どうぞ。」
3 I'm ten.	3 「ぼくは10歳だよ。」

No.2

"Thank you for the book, Mike."	「本をありがとう，マイク。」
1 I like reading.	1 「ぼくは読書が好きだよ。」
2 You're welcome.	**2 「どういたしまして。」**
3 Let's go.	3 「行こう。」

✓ Thank you for ～. (～をありがとう。)とお礼を言われたことに対して，You're welcome. (どういたしまして。)と答えている**2**が適切です。

No.3

"Can you take my picture, please?"	「写真を撮ってくれませんか？」
1 All right.	**1 「いいですよ。」**
2 It's a camera.	2 「それはカメラです。」
3 I'm here.	3 「私はここにいます。」

Can you ～, please? (～してくれませんか。)と依頼されたことに対して，承諾を表す表現の 1 が適切です。

No.4

"Which sport do you play,
baseball or soccer?"

1 Soccer.
2 At the park.
3 On Saturday.

「あなたは野球とサッカーのどちらのスポーツをするの？」

1 「サッカーだよ。」
2 「公園でだよ。」
3 「土曜日にだよ。」

 〈Which + 名詞 + do you ～, A or B?〉(AとBのどちらの…を～しますか。)と聞かれた場合，AかBが答えとなります。この文では「野球」か「サッカー」が答えとなるので，1 が適切です。

No.5

"Can I see your notebook?"

1 I like reading.
2 I'm here.
3 Sure.

「あなたのノートを見てもいい？」

1 「ぼくは読書が好きだよ。」
2 「ぼくはここにいるよ。」
3 「もちろん。」

 Can I ～? (～してもいいですか。)は相手に許可を求める表現です。それに対して，Sure. (もちろん。)と承諾している 3 が適切です。

No.6

"Are you a student?"

1 Yes, it is.
2 Yes, you are.
3 Yes, I am.

「あなたは学生ですか？」

1 「はい，それはそうです。」
2 「はい，あなたはそうです。」
3 「はい，ぼくはそうです。」

No.7

"Is this your pencil, Lynn?"
1 It's two dollars.
2 **No, it's not.**
3 You, too.

「これはきみの鉛筆, リン？」
1 「2ドルよ。」
2 「いいえ, ちがうわ。」
3 「あなたもね。」

No.8

"Mom, where's my schoolbag?"
1 **It's on the sofa.**
2 Yes, I can.
3 Science is fun.

「お母さん, ぼくの学校のバッグはどこにある？」
1 「ソファの上よ。」
2 「はい, できるわ。」
3 「理科はおもしろいわ。」

- -

☑ Where is ～? (～はどこですか。) と聞かれているので, It's on the sofa. (ソファの上よ。) と答えている **1** が適切です。

No.9

"Look. These are my new shoes."
1 No, I'm not.
2 **They're nice.**
3 See you next time.

「見て。これは私の新しいくつよ。」
1 「いいえ, ぼくはちがいます。」
2 「すてきだね。」
3 「また今度ね。」

No.10

"I really love this TV show."

1 Tomorrow night.
2 I'm fine.
3 **Me, too.**

「ぼく, このテレビ番組大好きなんだ。」

1 「明日の夜よ。」
2 「私は元気よ。」
3 「私もよ。」

- -

☑ 相手の意見に同意する場合, Me, too. (私もです。) という表現を使うことができるので, **3** が適切です。

リスニングテスト第2部

（問題　p.023）

No.11

🔊
A: Hi, Mike. Where are you going?

B: I'm going to the movies. See you tomorrow at school, Susan.

Question **Where is Mike going now?**

- -

A: あら，マイク。どこに行くの？

B: 映画に行くんだよ。また明日学校でね，スーザン。

質問 **マイクは今どこに行くところですか。**

1 学校にです。　　　　　　　　2 試合にです。

3 自分の家にです。　　　　　　**4 映画にです。**

- -

📝 どこに行くのか聞かれたマイクがI'm going to the movies.（映画
に行くんだ。）と答えていることから，**4**が適切です。

No.12

🔊
A: Is this your cap, David?

B: No, Emma. It's my friend Peter's.

Question **Whose cap is it?**

- -

A: これはあなたのぼうし，デイビッド？

B: ちがうよ，エマ。それはぼくの友達のピーターのものだよ。

質問 **それはだれのぼうしですか。**

1 デイビッドのものです。　　　**2 ピーターのものです。**

3 エマのものです。　　　　　　4 エマの友達のものです。

- -

📝 エマに「これはあなたのぼうし？」と聞かれたデイビッドが，It's
my friend Peter's.（それはぼくの友達のピーターのものだよ。）と
答えているので，**2**が適切です。

No.13

🔊 A: Hi, I want some chocolate pie, please.

B: That's $2.60.

Question **How much is the chocolate pie?**

- -

A: こんにちは，チョコレートパイがほしいのですが。

B: 2ドル60セントです。

質問 **チョコレートパイはいくらですか。**

1 2ドルです。	2 2ドル6セントです。
3 2ドル16セントです。	**4 2ドル60セントです。**

- -

 Bが$2.60（2ドル60セント）と答えているので，4が適切です。sixteen（16）とsixty（60）の発音のちがいに気をつけましょう。

No.14

🔊 A: I have a guitar lesson every Wednesday.

B: Really? I have basketball practice on Wednesdays.

Question **What does the girl do on Wednesdays?**

- -

A: 私は毎週水曜日にギターのレッスンがあるの。

B: 本当？ ぼくは水曜日にバスケットボールの練習があるんだ。

質問 **少女は毎週水曜日に何をしますか。**

1 彼女はギターのレッスンがあります。

2 彼女はトランペットのレッスンがあります。

3 彼女はバスケットボールの練習があります。

4 彼女はソフトボールの練習があります。

- -

 最初に少女がI have a guitar lesson every Wednesday.（私は毎週水曜日にギターのレッスンがあるの。）と言っているので，1が適切です。

No.15

🔊

A: Can I have the strawberry jam, please?

B: Of course. Here you are.

Question **What does the woman want?**

- -

A: いちごジャムをもらえるかしら？

B: もちろん。はい，どうぞ。

質問 **女性は何がほしいですか。**

1 ジャムです。   2 砂糖です。

3 塩です。   4 フルーツサラダです。

- -

☑ 女性がCan I have the strawberry jam, please?（いちごジャムを
もらえるかしら？）と聞いているので，1が適切です。Here you
are.（はい，どうぞ。）は人に物を手渡すときに言う表現です。

016

リスニングテスト第3部 （問題 p.024〜025）

No.16

1 The boys are reading.
2 The boys are writing.
3 The boys are running.

---

1 少年たちは本を読んでいます。
2 少年たちは手紙を書いています。
3 少年たちは走っています。

✒️ 絵の中の少年たちはトラックを走っているので，3が適切です。

No.17

1 Richard is at the library.
2 Richard is at the bank.
3 Richard is at the zoo.

---

1 リチャードは図書館にいます。
2 リチャードは銀行にいます。
3 リチャードは動物園にいます。

✒️ キリンやサルがかかれている絵で，リチャードは動物園にいるとわかるので，3が適切です。libraryは「図書館」，bankは「銀行」，zooは「動物園」という意味です。

No.18

1 Koji is writing a letter to his friend.
2 Koji is speaking to his friend.
3 Koji is listening to his friend.

---

1 コウジは友達に手紙を書いています。
2 コウジは友達に話しかけています。

3 コウジは友達の話を聞いています。

✓ 絵のDear Tomから，コウジがトムに手紙を書いていることがわかるので，1が適切です。writeは「～を書く」，speak to ～は「～に話しかける」，listen to ～は「～(の言うこと)を聞く」という意味です。

No.19

🔊
1 Jay gets up at 7:40 a.m.
2 **Jay gets up at 7:45 a.m.**
3 Jay gets up at 7:55 a.m.

----

1 ジェイは午前7時40分に起きます。
2 **ジェイは午前7時45分に起きます。**
3 ジェイは午前7時55分に起きます。

✓ 絵の中の時計が「7:45」を示しているので，2が適切です。数字の言い方をしっかり覚えましょう。

No.20

🔊
1 Mary and Mike are looking at a train.
2 Mary and Mike are looking at a bus.
3 **Mary and Mike are looking at a ship.**

----

1 メアリーとマイクは電車を見ています。
2 メアリーとマイクはバスを見ています。
3 **メアリーとマイクは船を見ています。**

✓ 少年と少女が船を見ている絵なので，3が適切です。trainは「電車」，busは「バス」，shipは「船」という意味です。

No.21

1　The butterfly is on Bill's head.
2　The butterfly is on Bill's arm.
3　The butterfly is on Bill's leg.

1　チョウがビルの頭にとまっています。
2　チョウがビルの腕にとまっています。
3　チョウがビルの脚にとまっています。

☑　チョウが少年の腕にとまっている絵なので，2が適切です。headは「頭」，armは「腕」，legは「脚」という意味です。

No.22

1　The score is 15 to 12.
2　The score is 50 to 20.
3　The score is 5 to 20.

1　得点は15対12です。
2　得点は50対20です。
3　得点は5対20です。

☑　絵の得点は「15-12」なので，1が適切です。fifteen (15)とfifty (50)，twelve (12)とtwenty (20)の発音のちがいに注意しましょう。

No.23

1　Shelly is speaking to a waiter.
2　Shelly is speaking to a doctor.
3　Shelly is speaking to a pilot.

1　シェリーはウエーターに話しかけています。
2　シェリーは医者に話しかけています。
3　シェリーはパイロットに話しかけています。

女性がレストランでウエーターに話しかけている絵なので，1が適切です。waiter は「ウエーター」，doctor は「医者」，pilot は「パイロット」という意味です。

No.24

🔊
1　The cat is sleeping on the chair.
2　The cat is sleeping on the piano.
3　The cat is sleeping on the desk.

1　ねこはいすの上で眠っています。
2　ねこはピアノの上で眠っています。
3　ねこは机の上で眠っています。

ねこがピアノの上で眠っている絵なので，2が適切です。chair は「いす」，piano は「ピアノ」，desk は「机」という意味です。

No.25

🔊
1　The girls like hiking.
2　The girls like swimming.
3　The girls like painting.

1　少女たちはハイキングをするのが好きです。
2　少女たちは泳ぐのが好きです。
3　少女たちは絵をかくのが好きです。

2人の少女が山道を登っている絵なので，1が適切です。〈like ＋ 動詞の ing 形〉は「～するのが好きです」という意味です。この ing 形は動名詞と言います。

英検 5 級

2020年度・第2回　解 答 と 解 説

筆記 [p.028 － p.034]

1　(1) 3　(2) 1　(3) 3　(4) 1　(5) 4
　　 (6) 4　(7) 3　(8) 3　(9) 1　(10) 2
　　 (11) 4　(12) 4　(13) 2　(14) 2　(15) 2

2　(16) 3　(17) 1　(18) 1　(19) 4　(20) 2

3　(21) 2　(22) 3　(23) 2　(24) 1　(25) 1

リスニング [p.035 － p.039]

第1部　[No.1] 2　[No.2] 3　[No.3] 2　[No.4] 3　[No.5] 3
　　　 [No.6] 3　[No.7] 2　[No.8] 1　[No.9] 3　[No.10] 1

第2部　[No.11] 3　[No.12] 4　[No.13] 3　[No.14] 1　[No.15] 2

第3部　[No.16] 2　[No.17] 3　[No.18] 1　[No.19] 3　[No.20] 1
　　　 [No.21] 3　[No.22] 2　[No.23] 3　[No.24] 2　[No.25] 1

1

(問題 p.028〜030)

(1) *A:* ポール，学校のために何が必要かしら？
B: 新しいペンとノートが必要だよ，お母さん。
1 ベンチ　　2 コイン　　3 ノート　　4 週

☑ What do you need for school?（学校のために何が必要ですか。）と聞かれているので，文房具の「ノート」の**3**が適切です。

> 📖 **WORDS&PHRASES**
> □ **what**—何を　　□ **need**—〜を必要とする　　□ **school**—学校　　□ **new**—新しい

(2) *A:* あなたのぼうしはかわいいです。私はそれが好きです。
B: ありがとう。
1 かわいい　　2 速い　　3 寒い　　4 ゆっくりとした

☑ ぼうしを説明する形容詞として，pretty（かわいい）の**1**が適切です。

> 📖 **WORDS&PHRASES**
> □ **hat**—ぼうし　　□ **like**—〜が好きだ　　□ **Thanks.**—ありがとう。

(3) 私は毎週土曜日には夕食を作りません。いつも家族とレストランに行きます。
1 〜を置く　　2 〜を売る　　3 〜を料理する　　4 〜を運ぶ

☑ 土曜日は「夕食を作らない」から「レストランに行く」という流れになるので，**3**が適切です。on Saturdaysは「毎週土曜日に」という意味です。曜日の語尾にsを付けると「毎週」の意味になります。

> 📖 **WORDS&PHRASES**
> □ **always**—いつも　　□ **go to 〜**—〜に行く　　□ **restaurant**—レストラン

(4) *A:* あなたは果物が好きですか，ヘレン？
B: はい。私はリンゴが好きです。
1 果物　　2 肉　　3 パン　　4 魚

☑ Bがapple（リンゴ）が好きだと言っており，Aが果物について質問し

たことがわかるので，**1**が適切です。

📖 **WORDS&PHRASES**
□ apple ― リンゴ   □ fruit ― 果物   □ meat ― 肉   □ bread ― パン

(5) *A:* 今日の午後，いっしょにテニスをしようよ，アリス。

B: ごめんね。ピアノのレッスンがあるの。

1 話   2 本   3 いす   **4 レッスン，授業**

✓ テニスをしようと誘われたBが，それを断っています。ピアノのレッスンがあるからだと考えられるので，**4**が適切です。

📖 **WORDS&PHRASES**
□ Let's ～. ― いっしょに～しましょう。   □ play tennis ― テニスをする

(6) *A:* トム，来なさい！　夕食の時間よ。

B: わかった，今行くよ。

1 日   2 正午   3 1時間   **4 時間**

✓ It's time for ～. で「～の時間です。」という意味なので，**4**が適切です。I'm coming. は「今行きます。」という意味で，来るように呼ばれたことに対して使う表現です。

📖 **WORDS&PHRASES**
□ Come on. ― 来なさい。   □ It's time for ～. ― ～の時間だ。   □ dinner ― 夕食

(7) 夏に，私はよく学校のプールに泳ぎに行きます。

1 教室   2 ドア   **3 プール**   4 食堂

✓ 空所の直前に go swimming（泳ぎに行く）という表現があることから，**3**が適切です。

📖 **WORDS&PHRASES**
□ summer ― 夏   □ often ― よく   □ go swimming ― 泳ぎに行く

(8) この電車は名古屋から大阪へ行きます。

1 ～について   2 離れて   **3 ～へ**   4 下へ

✓ from A to B で「AからBへ」という意味なので，**3**が適切です。A

が出発地，Bが目的地を表します。

📖 WORDS&PHRASES

□ train—電車　　□ from A to B—AからBへ　　□ about—～について

(9)　A: あなたは夕方に何をしますか。
　　　B: 私はテレビでニュースを見ます。

　　　1　～で　　　2　～について　　　3　～の中に　　　4　～から

- -

✅ on TVで「テレビで」という意味なので，1が適切です。

📖 WORDS&PHRASES

□ in the evening—夕方に　　□ watch—～を見る　　□ news—ニュース，知らせ

(10)　A: この筆箱はいくらですか。
　　　B: 200円です。

　　　1　(How long is[are] ～?で)～はどれくらいの長さですか。
　　　2　(How much is[are] ～?で)～はいくらですか。
　　　3　(How many ～?で)何個～ですか。
　　　4　(How old is[are] ～?で)～は何歳ですか。

- -

✅ Bが200 yen (200円)と値段を答えていることから，2が適切です。

📖 WORDS&PHRASES

□ How much is[are] ～?—～はいくらですか。　　□ pencil case—筆箱

(11)　A: またね，お母さん。
　　　B: よい一日を過ごしてね，ケビン。
　　　1　行く　　　2　～を連れて行く　　　3　住んでいる　　　4　～を過ごす

- -

✅ have a good dayで「よい一日を過ごす」という意味なので，4が適切です。別れ際のあいさつでよく使う表現です。

📖 WORDS&PHRASES

□ See you.—またね。　　□ Have a good day.—よい一日を過ごしてね。

(12)　ルーシーのお母さんは毎晩7時ごろ帰宅します。
　　　1　正午　　　2　1時間　　　3　今日　　　4　夜

- -

☑ come home（帰宅する），around seven（7時ごろ）から，夜の内容と考えられます。every night で「毎晩」という意味なので，**4**が適切です。

📖 WORDS&PHRASES

□ **come home**―帰宅する　　□ **around**―〜ころ　　□ **night**―夜　　□ **noon**―正午

(13) 私はピアノをひきますが，兄[弟]はひきません。

　　1 do notの短縮形　　　　　　**2** does notの短縮形
　　3 is notの短縮形　　　　　　**4** are notの短縮形

- -

☑ これは一般動詞の文で，my brother は3人称単数なので，**2**が適切です。doesn'tのあとには play the piano が省略されています。

📖 WORDS&PHRASES

□ **play**―〜をひく　　□ **piano**―ピアノ　　□ **brother**―兄，弟

(14) スペンサーさんは私の学校で英語を教えています。

　　1 〜を教える　　　　**2** teach の3人称単数現在形
　　3 teach の ing 形　　**4** teach の to ＋原形（不定詞）

- -

☑ 主語の Mr. Spencer は3人称単数なので，**2**が適切です。

📖 WORDS&PHRASES

□ **teach**―〜を教える　　□ **English**―英語　　□ **school**―学校

(15) *A:* あの若者はだれですか。
　　 B: 彼はブラウンさんです。

　　1 いつ　　**2** だれ　　**3** なぜ　　**4** どのようにして

- -

☑ BがMr. Brown と人名を答えていることから，**2**が適切です。

📖 WORDS&PHRASES

□ **young**―若い　　□ **man**―男性　　□ **when**―いつ　　□ **who**―だれ　　□ **why**―なぜ

2

(16) 祖父: お誕生日おめでとう，メアリー。このプレゼントはきみへだよ。
少女: ありがとう，おじいちゃん。
　　1　それは彼女のケーキです。
　　2　ごめんなさい。
　　3　このプレゼントはきみへだよ。
　　4　今日は雨です。

✎ Happy birthday.（お誕生日おめでとう。）に続く言葉として，This present is for you.（このプレゼントはきみへだよ。）の3が適切です。

📖 WORDS&PHRASES
□ birthday―誕生日　　□ Thank you.―ありがとう。　　□ Grandpa―おじいちゃん

(17) 少年: きみはペットを飼っているの？
少女: ええ，3匹（羽）いるわ。1匹の犬と2羽の鳥よ。
　　1　3匹（羽）いるわ。
　　2　それは私よ。
　　3　8時にね。
　　4　あなたはだいじょうぶよ。

✎ ペットを飼っているかと聞かれた少女が，空所のあとでOne dog and two birds.（1匹の犬と2羽の鳥よ。）と答えていることから，1が適切です。I have threeのあとにpetsが省略されています。

📖 WORDS&PHRASES
□ have―〜を飼っている　　□ any―（疑問文で）いくつかの　　□ pet―ペット

(18) 女性: あなたは中学生ですか。
少年: はい，そうです。
　　1　はい，そうです。
　　2　おはようございます。
　　3　ぼくはバスを使います。
　　4　ぼくは理科が好きです。

026

- -

☑ Are you ～? （あなたは～ですか。）の答えとして，**1**が適切です。ちなみに否定する場合は，No, I'm not. と答えます。

📖 WORDS&PHRASES

□ **junior high school**―中学校　□ **student**―生徒，学生　□ **use**―～を使う

(19) **姉[妹]:** あなたの新しいバッグは何色？
弟[兄]: 緑色だよ。
　　　　1　彼は家にいるよ。
　　　　2　4時だよ。
　　　　3　その部屋はきれいだよ。
　　　　4　それは緑色だよ。

- -

☑ What color is ～? （～は何色ですか。）と色を聞かれているので，It's green. （緑色だよ。）と答えている**4**が適切です。

📖 WORDS&PHRASES

□ **color**―色　□ **new**―新しい　□ **bag**―バッグ　□ **at home**―家に

(20) **少年:** やあ，ぼくはケンです。ぼくは新入生です。
少女: はじめまして。私たちの学校へようこそ。
　　　　1　晴れよ。
　　　　2　はじめまして。（あなたに会えてうれしいわ。）
　　　　3　行っていいですよ。
　　　　4　私はそれを楽しんでいます。

- -

☑ 少年から I'm a new student. （ぼくは新入生です。）と言われ，少女が Welcome to our school. （私たちの学校へようこそ。）と応じていることから，初対面であることがわかるので，**2**が適切です。

📖 WORDS&PHRASES

□ **Nice to meet you.**―はじめまして。　□ **Welcome to ～.**―～へようこそ。

⑵₁　**(What day of the week) is it today?**

☑️　「きょうは何曜日ですか。」は What day of the week is it today? で表します。

⑵₂　**(We can make some popcorn) at my house.**

☑️　「〜することができる」は〈can＋動詞の原形〉で表します。ここでは，canのあとに make some popcorn が入ります。

⑵₃　**Please (don't talk in this room).**

☑️　「〜してはいけません。」は Don't 〜. で表します。Don't のあとには動詞の原形 talk がきます。「この部屋で」は in this room で表します。

⑵₄　**Are (you free next Sunday)?**

☑️　「あなたはひまですか。」は Are you free? で表します。be動詞の疑問文は〈be動詞＋主語〜?〉の語順になります。

⑵₅　**(Where do you study)?**

☑️　「どこであなたは〜しますか。」は Where do you 〜? で表します。〜には一般動詞の原形が入るため，ここでは study が入ります。

〈例題〉

"Is this your bag?"
1　Sure, I can.
2　On the chair.
3　**Yes, it is.**

「これはあなたのかばん？」
1　「もちろん，できるよ。」
2　「いすの上だよ。」
3　**「うん，そうだよ。」**

No.1

"Does your sister play the piano?"
1　She's eleven.
2　**Yes, every day.**
3　It's in her room.

「きみのお姉さん［妹］はピアノをひくの？」
1　「彼女は11歳よ。」
2　**「ええ，毎日ね。」**
3　「それは彼女の部屋にあるわ。」

No.2

"Do you want some candy?"
1　I like cooking.
2　I'm sorry about that.

3　**No, thank you.**

「キャンディーがほしいかい？」
1　「私は料理が好きなの。」
2　「そのことについてはごめんなさい。」

3　**「いいえ，いらないわ。」**

☑　キャンディーをすすめられて，いらないと断っているので，3の No, thank you.（いいえ，いらないわ。）が適切です。

No.3

"These flowers are from my garden."
1　You're welcome.
2　**Oh, they're pretty.**
3　Let's go shopping.

「この花はぼくの家の庭からつんできたんだ。」
1　「どういたしまして。」
2　**「わあ，かわいいわね。」**
3　「買い物に行きましょう。」

No.4

🔊 "How much is this T-shirt?" | 「このTシャツはいくらですか。」
1　Yes, it is. | 1 「はい，そうです。」
2　You're welcome. | 2 「どういたしまして。」
3　It's six dollars. | **3 「6ドルです。」**

📝 　How much is ～?（～はいくらですか。）と値段を聞いているので，
3のIt's six dollars.（6ドルです。）が適切です。

No.5

🔊 "Do you come to school by | 「きみはバスで学校に来るの，ナン
bus, Nancy?" | シー？」
1　Me, too. | 1 「わたしもよ。」
2　At school. | 2 「学校でね。」
3　No, I come by bike. | **3 「いいえ，自転車で来るのよ。」**

No.6

🔊 "What do you want for | 「昼食に何が食べたいの？」
lunch?"
1　It's one o'clock. | 1 「1時だよ。」
2　Yes, please. | 2 「はい，お願いします。」
3　Some sandwiches, | **3 「サンドイッチをお願いします。」**
please.

No.7

🔊 "Whose flute is that?" | 「あれはだれのフルートなの？」
1　Over there. | 1 「向こうだよ。」
2　My sister's. | **2 「ぼくの姉[妹]のだよ。」**
3　On the table. | 3 「テーブルの上だよ。」

📝 　〈Whose ＋名詞＋is ～?〉（～はだれの…ですか。）と聞いているの
で，My sister's.（ぼくの姉[妹]のだよ。）と持ち主を答えている2
が適切。

No.8

"Can your children swim well?"
1 Yes, they can.
2 It's by the pool.
3 No, I'm not.

「あなたの子どもたちは上手に泳げますか。」
1 「はい，泳げます。」
2 「それはプールのそばにあります。」
3 「いいえ，私はちがいます。」

No.9

"My birthday is in March."
1 It's this afternoon.
2 A birthday cake.
3 Mine is in September.

「私の誕生日は３月よ。」
1 「今日の午後だよ。」
2 「誕生日ケーキだよ。」
3 「ぼくの誕生日は９月だよ。」

☑ 少女が自分の誕生日が３月であることを述べているので，Mine is in September.（ぼくの誕生日は９月だよ。）と自分の誕生日も教えている３が適切です。ここでのmineはmy birthdayを表します。

No.10

"Where's your umbrella?"
1 In Dad's car.
2 My friend.
3 After school.

「あなたのかさはどこにあるの？」
1 「お父さんの車の中だよ。」
2 「友達だよ。」
3 「放課後だよ。」

☑ Where is ～?（～はどこですか。）と聞いているので，In Dad's car.（お父さんの車の中だよ。）と場所を答えている１が適切です。

No.11

A: Peter, can you come to my party on Sunday?

B: Yes, Lisa. See you then.

Question **When is Lisa's party?**

A: ピーター，日曜日にパーティーに来ることはできるの？

B: ああ，リサ。じゃあまたね。

質問 **リサのパーティーはいつですか。**

1　金曜日です。　　　　　　　　2　土曜日です。

3　日曜日です。　　　　　　　4　月曜日です。

冒頭で，… can you come to my party on Sunday?（日曜日にパーティーに来られますか。）と言っているので，**3**が適切です。

No.12

A: How many students are in your class, Mike?

B: There are thirty-three.

Question **How many students are in Mike's class?**

A: あなたのクラスには何人の生徒がいますか，マイク。

B: 33人います。

質問 **何人の生徒がマイクのクラスにいますか。**

1　13人です。　　　　　　　　2　23人です。

3　30人です。　　　　　　　　**4　33人です。**

クラスに何人の生徒がいるのかという質問に対して，There are thirty-three.（33人います。）と答えているので，**4**が適切です。

No.13

A: What are you making, Kelly?

B: Some pancakes for breakfast, Dad.

Question **What is Kelly doing?**

- -

A: 何を作っているの，ケリー？

B: 朝食にパンケーキを作っているの，お父さん。

質問 ケリーは何をしていますか。

1 友人に電話をしています。　　2 食べ物を買っています。

3 朝食を作っています。　　4 台所を掃除しています。

- -

☑ 父親に「何を作っているの？」と聞かれたケリーが，Some pancakes for breakfast（朝食のパンケーキ）と答えていることから，**3**が適切です。

No.14

A: I go to the park with my mom every Sunday.

B: I go there on Saturdays.

Question **Who goes to the park on Saturdays?**

- -

A: 私は毎週日曜日にお母さんと公園に行くのよ。

B: ぼくは毎週土曜日に行くよ。

質問 だれが毎週土曜日に公園に行きますか。

1 少年です。　　2 少年の母親です。

3 少女です。　　4 少女の母親です。

- -

☑ 少女のセリフに対して少年がI go there on Saturdays.（ぼくはそこに毎週土曜日に行くよ。）と言っているので，**1**が適切です。thereは to the park を指します。

No.15

A: Do your brothers like sports?

B: Yes. Paul likes volleyball, and Fred likes baseball and basketball.

Question **What sport does Paul like?**

A: きみの兄弟はスポーツが好きなの？

B: ええ。ポールはバレーボールが好きで，フレッドは野球とバスケットボールが好きなのよ。

質問 **ポールはどんなスポーツが好きですか。**

1 バスケットボールです。   **2 バレーボールです。**
3 野球です。   4 ソフトボールです。

✔ 兄弟はスポーツが好きかと聞かれたBが，Paul likes volleyball, … （ポールはバレーボールが好き。）と言っているので，**2** が適切です。

リスニングテスト第3部 （問題 p.038〜039）

No.16

1 Victoria is using chopsticks.
2 **Victoria is using a fork.**
3 Victoria is using a knife.

---

1 ヴィクトリアははしを使っています。
2 **ヴィクトリアはフォークを使っています。**
3 ヴィクトリアはナイフを使っています。

☑ 女の子がソーセージにフォークをさそうとしている絵なので，**2**が適切です。chopsticksは「はし」，forkは「フォーク」，knifeは「ナイフ」という意味です。

No.17

1 Miho is painting a picture.
2 Miho is writing an e-mail.
3 **Miho is reading a magazine.**

---

1 ミホは絵をかいています。
2 ミホはメールを書いています。
3 **ミホは雑誌を読んでいます。**

☑ 女性がソファにすわって雑誌を読んでいる絵なので，**3**が適切です。paintは「（絵の具で）〜をかく」という意味なのに対し，writeは「（文字）を書く」という意味です。また，drawは「（鉛筆などで線で）〜を描く」という意味なので，いっしょに覚えておきましょう。

No.18

1 **Matt goes to bed at eight every day.**
2 Matt comes home at eight every day.
3 Matt goes to school at eight every day.

1 マットは毎日8時に寝ます。

2 マットは毎日8時に帰宅します。

3 マットは毎日8時に学校に行きます。

📝 男の子がベッドで寝ている絵なので，1が適切です。go to bed は「寝る」，come home は「帰宅する」という意味です。覚えておきましょう。

No.19

🔊 **1** Ms. Carter is eating a pizza.

2 Ms. Carter is buying a pizza.

3 Ms. Carter is cutting a pizza.

---

1 カーターさんはピザを食べています。

2 カーターさんはピザを買っています。

3 カーターさんはピザを切っています。

📝 女性がピザを切っている絵なので，3が適切です。eat は「〜を食べる」，buy は「〜を買う」，cut は「〜を切る」という意味です。

No.20

🔊 **1 Jim is looking at a bike.**

2 Jim is riding a bike.

3 Jim is washing a bike.

---

1 ジムは自転車を見ています。

2 ジムは自転車に乗っています。

3 ジムは自転車を洗っています。

📝 男の子が自転車を見ている絵なので，1が適切です。look at 〜は「〜を見る」，ride は「〜に乗る」，wash は「〜を洗う」という意味です。

No.21

1 It's 12:25.
2 It's 12:35.
3 **It's 12:55.**

1 12時25分です。
2 12時35分です。
3 **12時55分です。**

☑ 時計の表示が「12:55」となっているので，**3** が適切です。twenty-five (25), thirty-five (35), fifty-five (55)の発音に注意しましょう。

No.22

1 The banana is on the cup.
2 **The banana is by the cup.**
3 The banana is in the cup.

1 バナナはカップの上にあります。
2 **バナナはカップのそばにあります。**
3 バナナはカップの中にあります。

☑ バナナがカップのそばにある絵なので，**2** が適切です。場所を表す語として，in front of（〜の前に），under（〜の下に）なども覚えておきましょう。

No.23

1 The mountain is 909 meters high.
2 The mountain is 919 meters high.
3 **The mountain is 990 meters high.**

1 山は909メートルの高さです。
2 山は919メートルの高さです。
3 **山は990メートルの高さです。**

037

✔️ 絵の中の山の高さは「990m」と表示されているので，**3** が適切です。nine（9），nineteen（19），ninety（90）の発音，アクセントのちがいに注意しましょう。900は nine hundred です。

No.24

🔊
1 Jason's mouse is on his hand.
2 **Jason's mouse is on his head.**
3 Jason's mouse is on his leg.

---

1 ジェイソンのネズミは彼の手の上にいます。
2 **ジェイソンのネズミは彼の頭の上にいます。**
3 ジェイソンのネズミは彼の脚の上にいます。

✔️ 男の子の頭の上にネズミがいる絵なので，**2** が適切です。hand は「手」，head は「頭」，leg は「脚」という意味です。体の部位を表す語は，ほかに shoulder（肩），arm（腕），foot（足）などを覚えておきましょう。

No.25

🔊
1 **Lucy and Mark are at the beach.**
2 Lucy and Mark are at the bookstore.
3 Lucy and Mark are at the bank.

---

1 **ルーシーとマークは浜辺にいます。**
2 ルーシーとマークは本屋にいます。
3 ルーシーとマークは銀行にいます。

✔️ 男の子と女の子が浜辺にいる絵なので，**1** が適切です。beach は「浜辺」，bookstore は「本屋」，bank は「銀行」という意味です。

英検 **5** 級

2019年度・第1回　解 答 と 解 説

筆記 [p.042 − p.048]

1　(1) **1**　　(2) **3**　　(3) **1**　　(4) **1**　　(5) **3**
　　(6) **3**　　(7) **2**　　(8) **4**　　(9) **4**　　(10) **2**
　　(11) **4**　　(12) **2**　　(13) **1**　　(14) **2**　　(15) **4**

2　(16) **4**　　(17) **3**　　(18) **3**　　(19) **1**　　(20) **3**

3　(21) **2**　　(22) **3**　　(23) **4**　　(24) **1**　　(25) **1**

リスニング [p.049 − p.053]

第 **1** 部　[No.1] **2**　[No.2] **3**　[No.3] **1**　[No.4] **3**　[No.5] **3**
　　　　[No.6] **1**　[No.7] **1**　[No.8] **2**　[No.9] **1**　[No.10] **3**

第 **2** 部　[No.11] **2**　[No.12] **2**　[No.13] **2**　[No.14] **3**　[No.15] **4**

第 **3** 部　[No.16] **3**　[No.17] **1**　[No.18] **1**　[No.19] **2**　[No.20] **3**
　　　　[No.21] **2**　[No.22] **3**　[No.23] **3**　[No.24] **3**　[No.25] **2**

1

(問題 p.042 ～ 044)

(1) とても暑いです。窓を開けてください。

1 ～を開ける　　　　　　　　2 ～をきれいにする
3 ～を読む　　　　　　　　　4 ～が好きだ

✏️ 1文目で It's very hot. と言っていることから，the window に合うものとしては，**1** が適切です。

📖 **WORDS & PHRASES**
□ hot—暑い　□ window—窓　□ open—～を開ける

(2) 私は土曜日には夕食を作りません。友達とレストランへ行きます。

1 ～をかく　　2 ～をする　　3 (料理)を作る　　4 ～を使う

✏️ 空所のあとの dinner(夕食)に合うものとしては，**3** が適切です。

📖 **WORDS & PHRASES**
□ Saturday—土曜日　□ go to ～—～へ行く　□ cook—(料理)を作る，料理する

(3) *A:* テッド，あなたは誕生日に何がほしいの？
B: 新しい自転車。

1 ～がほしい　　2 ～に会う　　3 ～をやめる　　4 ～を始める

✏️ for your birthday (あなたの誕生日に)とあり，Bが A new bike. (新しい自転車。)と答えていることから，**1** が適切です。

📖 **WORDS & PHRASES**
□ birthday—誕生日　□ bike—自転車　□ want—～がほしい

(4) *A:* ケイト，あちらはあなたのお兄[弟]さん？
B: ええ。彼は高校生なのよ。

1 生徒　　2 チーム　　3 クラス　　4 本

✏️ Bのお兄[弟]さんのことを言っているので，a high school に続く語として，**1** が適切です。

(5)　A: 朝食にはご飯を食べるの，タロウ？

B: いや，卵とトーストを食べるよ。

1　新聞　　2　スプーン　　3　朝食　　4　光

☑ eat rice（ご飯を食べる），have eggs and toast（卵とトーストを食べる）とあるので，forに続く語として，3が適切です。

(6)　A: すみません，この本はいくらですか。

B: 6百円です。

1　フィート(長さの単位)　　　　2　グラム(重さの単位)

3　百，100　　　　　　　　　4　メートル(長さの単位)

☑ 本の値段を聞かれていて，空所のあとにyen（円）という通貨の単位があるので，3が適切です。

(7)　私はよく公園へ行って，そこでサッカーをします。

1　あれら　　2　そこで　　3　これ　　4　あれ

☑ 最初にI often go to the parkとあるので，play soccerのあとに続く語としては，in the park（公園で）ということを示す，2が適切です。

(8)　私は新しい数学の先生が好きです。彼女は沖縄出身です。

1　〜について　　2　〜の下に　　3　〜で　　4　〜出身の

✔️ come from ～ で「～出身の」という意味^{いみ}を表^{あらわ}すので, **4** が適切^{てきせつ}です。

(9) *A:* こんにちは，ウィルソン先生^{せんせい}。

B: こんにちは，ジム。**すわってください。**

1 話^{はな}す　　2 する　　3 ～である　　**4 すわる**

- -

✔️ sit down で「すわる」という意味^{いみ}を表^{あらわ}すので，**4** が適切^{てきせつ}です。

(10) **ミキの祖父母^{そふぼ}は名古屋^{なごや}に住^すんでいます。**

1 立^たつ　　**2 住^すんでいる**　　3 知^しっている　　4 着^つく

- -

✔️ 空所^{くうしょ}のあとの in Nagoya (名古屋^{なごや}に)に合^あうものとして，**2** が適切^{てきせつ}です。

(11) *A:* あなたは英語^{えいご}が好^すきですか。

B: はい，**もちろん**です。

1 ～の中^{なか}に　　　　　　　　2 外^{そと}で

3 ～の上^{うえ}に　　　　　　　　**4 (of course で)もちろん**

- -

✔️ of course で「もちろん」という意味^{いみ}を表^{あらわ}すので，**4** が適切^{てきせつ}です。

(12) *A:* 何時^{なんじ}かな，ダニー？

B: 4時^じだよ。

1 日^ひ　　**2 時^{とき}**　　3 (暦^{こよみ}の)月^{つき}　　4 週^{しゅう}

- -

☑ It's four o'clock.（4時だよ。）と時刻を答えているので，**2**が適切です。

📖 WORDS&PHRASES
□ ～ o'clock ― ～時　□ time ― 時　□ month ―（暦の）月　□ week ― 週

(13) *A:* あなたはどうやって学校に行くの，ジェイソン？
B: 電車でだよ。

1 どうやって　　2 なぜ　　3 いつ　　4 どこで

- -

☑ By train.（電車でだよ。）と通学手段を答えているので，**1**が適切です。

📖 WORDS&PHRASES
□ get to ～ ― ～に着く　□ by ― ～で　□ train ― 電車

(14) 私はトムが好きです。私たちはよく私の家でコンピューターゲームをします。

1 私たちを[に]　　**2 私たちは**　　3 私たちの　　4 私たちのもの

- -

☑ Tom and I の内容を表し，空所のあとの動詞 play につながる主語になるものとして，**2**が適切です。

📖 WORDS&PHRASES
□ us ― 私たちを[に]　□ our ― 私たちの　□ ours ― 私たちのもの

(15) *A:* これはエイミーのラケットですか。
B: はい，それは彼女のものです。

1 彼女は　　　　　　　　　　　2 彼女の，彼女を[に]
3 彼らの，彼女らの，それらの　　**4 彼女のもの**

- -

☑ Amy's racket を受けていることから，「彼女のもの」という意味の**4**が適切です。

📖 WORDS&PHRASES
□ racket ― ラケット　□ her ― 彼女の，彼女を[に]　□ hers ― 彼女のもの

19年度 第1回 筆記

(16) **女性:** 誕生日おめでとう，フレッド。これらのチョコレートはあなたによ。
男性: ありがとう。

1 きみに会えてうれしいよ。
2 それは机の上にあるよ。
3 ぼくもだよ。
4 ありがとう。

✎ Happy birthday（誕生日おめでとう）と祝福を受けて，さらにチョコレートをもらったことに対することばとしては，Thank you.（ありがとう。）とお礼を言っている**4**が適切です。

📖 WORDS&PHRASES
□ chocolate—チョコレート　　□ too—〜もまた　　□ Thank you.—ありがとう。

(17) **母親:** ピート，青いくつは好き？
少年: いや，ぼくは赤いのが好きだよ。

1 うん，ぼくはバレーボールをするよ。
2 うん，それらはとても簡単だよ。
3 いや，ぼくは赤いのが好きだよ。
4 いや，それらは学校にあるよ。

✎ 「青いくつは好き？」と聞いているので，Noと答えたあとに I like the red ones.（ぼくは赤いのが好きだよ。）とくつの色のことを言っている**3**が適切です。ones は shoes のことを言っています。

📖 WORDS&PHRASES
□ blue—青い　□ shoes—くつ　□ easy—簡単な　□ red—赤い

(18) **少年:** スージー，これはだれのぼうし？
少女: それは私のお母さんのよ。

1 お店はどこにあるの？
2 それはいつ始まるの？
3 これはだれのぼうし？

4 きみは何(なに)が好(す)きなの？

✎ It's my mom's.（それは私(わたし)のお母(かあ)さんのよ。）と答(こた)えているので, whose hat is this?（これはだれのぼうし？）と聞(き)いている**3**が適切(てきせつ)です。

□ **shop**—店(みせ)	□ **start**—始(はじ)まる	□ **whose**—だれの	□ **hat**—ぼうし

(19) 少女(しょうじょ): さようなら, ヒラサワ先生(せんせい)。
先生(せんせい): さようなら, エリー。**よい週末(しゅうまつ)を。**

    1 よい週末(しゅうまつ)を。
    2 どうぞ入(はい)ってください。
    3 野球(やきゅう)をしましょう。
    4 私(わたし)は勉強(べんきょう)しています。

✎ Goodbye（さようなら）と別(わか)れのあいさつを交(か)わしていることから, Have a nice weekend.（よい週末(しゅうまつ)を。）と言(い)っている**1**が適切(てきせつ)です。

📖 WORDS&PHRASES
□ **Goodbye.**—さようなら。	□ **come in**—入(はい)る	□ **Let's 〜.**—〜しましょう。

(20) 少年(しょうねん): きみには兄弟(きょうだい)か姉妹(しまい)がいるの, ケイト？
少女(しょうじょ): **兄[弟](あに)[おとうと]が1人(ひとり)いるわ。**

    1 ええ, 彼(かれ)はそうよ。
    2 私(わたし)は彼(かれ)を知(し)っているわ。
    3 兄[弟](あに)[おとうと]が1人(ひとり)いるわ。
    4 彼(かれ)は私(わたし)の父(ちち)よ。

✎ Do you have any brothers or sisters（きみには兄弟(きょうだい)か姉妹(しまい)がいるの）と聞(き)いていることから, I have a brother.（兄[弟](あに)[おとうと]が1人(ひとり)いるわ。）と兄弟(きょうだい)について答(こた)えている**3**が適切(てきせつ)です。

📖 WORDS&PHRASES
□ **have**—〜がいる	□ **brothers**—兄弟(きょうだい)	□ **sisters**—姉妹(しまい)

⑵ **(How long is the) English lesson?**

☑ 「～はどれくらいの長さですか。」は How long is ～? で表します。空所のあとに English lesson があるので，その前に the を置きます。

⑵ **(It is not cloudy) today.**

☑ 天気を表す文は，It で始めます。「曇っていません」という否定文なので，It is not cloudy と並べます。

⑵ **My father (is forty-five years old).**

☑ 主語の My father のあとに be 動詞の is を置き，「～歳」を表す ～ years old を続けます。

⑵ **(Does your sister go skiing) every year?**

☑ Does で始まる一般動詞の疑問文です。Does のあとに主語の your sister を置き，go skiing（スキーに行く）を続けます。

⑵ **(What are you making) for lunch?**

☑ 「何を～か。」という疑問文は，What を使います。「あなたは何を作っていますか。」という現在進行形の疑問文なので，What のあとに are you making を続けます。

リスニングテスト第１部

〈例題〉

"Is this your bag?"
1　Sure, I can.
2　On the chair.
3　Yes, it is.

「これはあなたのかばん？」
1「もちろん，できるよ。」
2「いすの上だよ。」
3「うん，そうだよ。」

No.1

"Excuse me. Are you Mr. Johnson?"
1　I'm OK.
2　Yes, I am.
3　I'm going.

「すみません。あなたはジョンソンさんですか。」
1「私はだいじょうぶです。」
2「はい，そうです。」
3「私が行きます。」

Are you 〜?（あなたは〜ですか。）と聞いているので，Yes で答えている**2**が適切です。

No.2

"How much is that strawberry jam?"
1　Yes, please.
2　I'm happy.
3　It's three dollars.

「そのいちごジャムはいくらですか。」
1「はい，お願いします。」
2「私はうれしいです。」
3「３ドルです。」

How much is 〜?（〜はいくらですか。）と聞いているので，値段を答えている**3**の It's three dollars.（３ドルです。）が適切です。

No.3

"Open your textbook, Jim."
1　Yes, Mrs. Nelson.
2　You're welcome.
3　I like books.

「教科書を開きなさい，ジム。」
1「はい，ネルソン先生。」
2「どういたしまして。」
3「ぼくは本が好きです。」

No.4

🔈

"Does this bus go to the library?"

1 I like it.

2 Here you are.

3 Yes, it does.

「このバスは図書館に行きますか。」

1 「私はそれが好きです。」

2 「はい，どうぞ。」

3 「はい，行きます。」

No.5

🔈

"Do you speak English?"

1 I see.

2 Thank you.

3 A little.

「きみは英語を話すの？」

1 「わかったわ。」

2 「ありがとう。」

3 「少し。」

No.6

🔈

"Where's your watch, Mike?"

1 On the table.

2 It's five.

3 In the morning.

「あなたの腕時計はどこにあるの，マイク？」

1 「テーブルの上だよ。」

2 「5時だよ。」

3 「午前にだよ。」

- -

✅ Where's ～?（～はどこにありますか。）と聞いているので，場所を答えている 1 の On the table.（テーブルの上だよ。）が適切です。

No.7

🔈

"Whose album is this?"

1 It's my mother's.

2 I have a camera.

3 In the living room.

「これはだれのアルバム？」

1 「私の母のよ。」

2 「私はカメラを持っているわ。」

3 「居間でよ。」

- -

✅ Whose album is ～?（～はだれのアルバムですか。）と聞いているので，だれのものかを答えている 1 の It's my mother's.（私の母のよ。）が適切です。

No.8

"Can I take pictures in this museum?"

1 Thank you.
2 **Yes, you can.**
3 I like music.

「この博物館では写真を撮ってもいいですか。」

1 「ありがとう。」
2 **「はい，いいですよ。」**
3 「私は音楽が好きです。」

No.9

"This is my new pencil case."

1 **It's nice.**
2 I don't know.
3 At the store.

「これはぼくの新しい筆箱だよ。」

1 **「いいわね。」**
2 「私はわからないわ。」
3 「お店でよ。」

No.10

"When do you do your homework?"

1 I'm tall.
2 I like math.
3 **Before dinner.**

「きみはいつ宿題をするの？」

1 「私は背が高いわ。」
2 「私は数学が好きよ。」
3 **「夕食の前によ。」**

When ～? (いつ～か。) と聞いているので，時を答えている3の Before dinner. (夕食の前によ。) が適切です。

リスニングテスト第2部

（問題　p.051）

No.11

🔊
A: I'm going to the store. I want a drink.

B: Can I go, too? I want a notebook.

Question **Where are they going?**

- -

A: 私はお店に行くわね。飲み物がほしいわ。

B: ぼくも行っていい？　ノートがほしいんだ。

質問 **彼らはどこへ行きますか。**

1　学校にです。　　　　　　　　　2　お店にです。

3　図書館にです。　　　　　　　　4　レストランにです。

- -

✏️ 女性が I'm going to the store. （私はお店に行くわね。）と言っていて，さらに少年が Can I go, too? と聞いていることから，2人が行く場所としては **2** が適切です。

No.12

🔊
A: Which shirt do you want, Steve? The red one, or the blue one?

B: The blue one, Mom.

Question **Which shirt does Steve want?**

- -

A: あなたはどちらのシャツがほしいの，スティーブ？　赤いの，それとも青いの？

B: 青いのだよ，お母さん。

質問 **スティーブはどちらのシャツがほしいのですか。**

1　黒いのです。　　　　　　　　　2　青いのです。

3　赤いのです。　　　　　　　　　4　黄色いのです。

- -

✏️ 「どちらのシャツがほしいの？」と聞かれたスティーブが The blue one, Mom. （青いのだよ，お母さん。）と答えているので，**2** が適切です。

No.13

🔊 *A:* When is the school festival, Ms. Andrews?

B: It's on March sixteenth.

Question **When is the school festival?**

- -

A: 学園祭はいつですか，アンドリュース先生。

B: 3月16日です。

質問 **学園祭はいつですか。**

1 3月6日です。 　　　　　**2 3月16日です。**

3 5月6日です。 　　　　　4 5月16日です。

- -

☑️ 「学園祭はいつですか」と聞かれたアンドリュース先生がIt's on March sixteenth.（3月16日です。）と答えているので，**2**が適切です。

No.14

🔊 *A:* I have three dogs and four birds.

B: Wow, you have a lot of pets, Brian.

Question **How many birds does Brian have?**

- -

A: ぼくは犬を3びきと鳥を4羽飼っているよ。

B: あら，たくさんペットを飼っているのね，ブライアン。

質問 **ブライアンは何羽の鳥を飼っていますか。**

1 2羽です。 　　　　　2 3羽です。

3 4羽です。 　　　　　4 5羽です。

- -

☑️ ブライアンがI have three dogs and four birds.（ぼくは犬を3びきと鳥を4羽飼っているよ。）と言っているので，**3**が適切です。**2**のthreeという数は，飼っている犬の数です。

No.15

🔊 *A:* What are you doing, Miho?

B: I'm making sandwiches. They're for the sports festival.

What is Miho doing?

A: 何をしているの，ミホ？

B: サンドイッチを作っているの。体育祭用なのよ。

質問 ミホは何をしていますか。

1 野球をしています。　　　　2 サッカーをしています。

3 学校に行っています。　　　**4 サンドイッチを作っています。**

☑ 「何をしているの」と聞かれて，ミホが I'm making sandwiches.
（サンドイッチを作っているの。）と答えているので，**4** が適切です。

リスニングテスト第3部　（問題　p.052〜053）

No.16

1 It's 4:05.
2 It's 4:15.
3 It's 4:50.

----

1 4時5分です。
2 4時15分です。
3 4時50分です。

☑ 絵の中の時計は「4:50」を示しているので，**3**が適切です。15は fifteen，50は fifty と読むので，発音に注意しましょう。「4:05」は four oh five と読みます。

No.17

1 Amy's family likes skiing.
2 Amy's family likes skating.
3 Amy's family likes swimming.

----

1 エイミーの家族はスキーが好きです。
2 エイミーの家族はスケートが好きです。
3 エイミーの家族は水泳が好きです。

☑ 家族がスキーをしている絵なので，**1**が正解です。skiing は「スキー」，skating は「スケート」，swimming は「水泳」という意味です。

No.18

1 This is the bathroom.
2 This is the library.
3 This is the gym.

----

1 これは<ruby>トイレ<rt></rt></ruby>です。
2 これは図書館です。
3 これは体育館です。

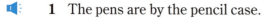 トイレの絵なので，1が正解です。bathroomは「浴室，トイレ」，libraryは「図書館」，gymは「体育館」という意味です。

No.19

1 The pens are by the pencil case.

2 The pens are in the pencil case.

3 The pens are under the pencil case.

-----

1 ペンは筆箱のそばにあります。
2 **ペンは筆箱の中にあります。**
3 ペンは筆箱の下にあります。

 ペンが筆箱の中にある絵なので，2が適切です。場所を表す語は，on（〜の上に），near（〜の近くに）なども覚えておきましょう。

No.20

1 Helen wants a new camera.

2 Helen wants a new computer.

3 Helen wants a new pet.

-----

1 ヘレンは新しいカメラをほしがっています。
2 ヘレンは新しいコンピューターをほしがっています。
3 **ヘレンは新しいペットをほしがっています。**

 女の子がおりの中の犬やねこを見ている絵なので，3が適切です。cameraは「カメラ」，computerは「コンピューター」，petは「ペット」という意味です。

No.21

1 Susan is washing some rice.

2 Susan is eating some rice.

3 Susan is buying some rice.

---

1 スーザンはお米を洗っています。

2 スーザンはご飯を食べています。

3 スーザンはお米を買っています。

☑ 女の子がご飯を食べている絵なので，**2**が適切です。wash は「～を洗う」，eat は「～を食べる」，buy は「～を買う」という意味です。

No.22

1 My brother is 17 kilograms.

2 My brother is 57 kilograms.

3 My brother is 70 kilograms.

---

1 私の兄[弟]は17キログラムです。

2 私の兄[弟]は57キログラムです。

3 私の兄[弟]は70キログラムです。

☑ 絵の体重計の表示は「70kg」なので，**3**が適切です。seventeen (17) と seventy (70) の発音のちがいに注意しましょう。

No.23

1 Sho goes to the park at nine every night.

2 Sho takes a shower at nine every night.

3 Sho goes to bed at nine every night.

---

1 ショウは毎晩9時に公園へ行きます。

2 ショウは毎晩9時にシャワーを浴びます。

3 ショウは毎晩9時に寝ます。

☑ 男の子が寝ようとしている絵なので，3が適切です。take a shower は「シャワーを浴びる」，go to bed は「寝る」という意味です。

No.24

🔊
1 A rabbit is on the desk.
2 A rabbit is on the chair.
3 A rabbit is on the floor.

1 うさぎは机の上にいます。
2 うさぎはいすの上にいます。
3 うさぎは床の上にいます。

☑ うさぎが床の上にいる絵なので，3が適切です。desk は「机」，chair は「いす」，floor は「床」という意味です。

No.25

🔊
1 This is a gas station.
2 This is a train station.
3 This is a police station.

1 これはガソリンスタンドです。
2 これは電車の駅です。
3 これは警察署です。

☑ 電車の駅の絵なので，2が適切です。gas station は「ガソリンスタンド」，police station は「警察署」という意味です。

英検 5 級

解 答 と 解 説

筆記 [p.056 − p.062]

1
(1) 3	(2) 3	(3) 2	(4) 1	(5) 4
(6) 4	(7) 4	(8) 2	(9) 2	(10) 3
(11) 4	(12) 2	(13) 2	(14) 3	(15) 4

2
(16) 2	(17) 3	(18) 4	(19) 1	(20) 3

3
(21) 3	(22) 1	(23) 2	(24) 4	(25) 2

リスニング [p.063 − p.067]

第1部
[No.1] 3	[No.2] 1	[No.3] 2	[No.4] 3	[No.5] 3
[No.6] 2	[No.7] 1	[No.8] 1	[No.9] 2	[No.10] 2

第2部
[No.11] 4	[No.12] 2	[No.13] 2	[No.14] 3	[No.15] 2

第3部
[No.16] 1	[No.17] 2	[No.18] 3	[No.19] 1	[No.20] 3
[No.21] 3	[No.22] 1	[No.23] 2	[No.24] 2	[No.25] 3

1

(1) A: 学校へどうやって行くの，ジェイソン？
B: 電車で行くよ。

1　〜といっしょに　　2　〜の　　**3　〜で**　　4　〜の上に

📝 **How** do you go to school?（学校へどうやって行くの？）と通学手段を聞かれているので，「〜で」という意味を表す**3**が適切です。

📖 **WORDS&PHRASES**
□ **how**—どうやって　　□ **train**—電車　　□ **by**—〜で

(2) A: あなたは何**色**が好きですか。
B: 私は緑色が好きです。

1　年　　2　歌　　**3　色**　　4　映画

📝 Bが**I like green.**（私は緑色が好きです。）どこにいますか。）と色を答えているので，**3**が適切です。

📖 **WORDS&PHRASES**
like—〜が好きだ　　□ **green**—緑色　　□ **song**—歌　　□ **color**—色

(3) A: マイクはどこにいますか。
B: 彼は**公園**で野球をしています。

1　時　　**2　公園**　　3　顔　　4　世界

📝 **Where** is 〜?（〜はどこにいますか。）と場所を聞いているので，**is playing baseball**（野球をしている）に合う場所として**2**が適切です。

📖 **WORDS&PHRASES**
□ **play**—（スポーツ）をする　　□ **baseball**—野球　　□ **park**—公園　　□ **face**—顔

(4) 今日は晴れています。私はぼうし**が必要です**。

1　〜を必要とする　　2　〜を開く　　3　〜を勉強する　　4　〜を書く

📝 **It's sunny today.**（今日は晴れています。）と言っていることから，a

hatに合うものとして**1**が適切です。

(5)　A: あなたはかばんを持っているの，スティーブ？

B: うん。机の下にあるよ。

1 ～について　　2 ～へ　　3 ～の間に　　**4 ～の下に**

☑　空所のあとの the desk に合うものとしては，**4**が適切です。**3**の among のあとには，ふつうは複数形の名詞がきます。

(6)　このぼうしは大きすぎます。私は小さいのがほしいです。

1 背が高い　　2 忙しい　　3 高い　　**4 小さい**

☑　1文目で This cap is too big.（このぼうしは大きすぎます。）と言っていることから，ほしいぼうしを説明する語として**4**が適切です。ここでの one は cap を指しています。

(7)　A: あなたは動物が好きですか。

B: はい，私はねこと犬が好きです。

1 game（ゲーム）の複数形　　　　2 dictionary（辞書）の複数形

3 bird（鳥）の複数形　　　　**4 animal（動物）の複数形**

☑　Bが Yes, I like cats and dogs.（はい，私はねこと犬が好きです。）と答えていることから，**4**が適切です。

(8)　A: デパートに買い物に行こう，ティナ。

B: いいわよ。

1 ～を持(も)っている　　2 行(い)く　　3 歩(ある)く　　4 話(はな)す

✏️　go shopping で「買(か)い物(もの)に行(い)く」という意味(いみ)を表(あらわ)すので，2が適切(てきせつ)。

📖 **WORDS&PHRASES**

□ **go shopping**—買(か)い物(もの)に行(い)く　　□ **department store**—デパート　　□ **walk**—歩(ある)く

---

(9)　*A:* すみません。図書館(としょかん)はどこにありますか。

B: あそこにあります。

1 彼(かれ)を　　2 (Excuse me.で)すみません。　　3 彼女(かのじょ)を　　4 彼(かれ)らを

✏️　Excuse me. で「すみません。」と人(ひと)に呼(よ)びかけるときの表現(ひょうげん)になるので，2が適切(てきせつ)です。

📖 **WORDS&PHRASES**

□ **Excuse me.**—すみません。　　□ **library**—図書館(としょかん)　　□ **over there**—あそこに

---

(10)　*A:* あなたはぶどうが好(す)き，ジミー？

B: いや，好(す)きではないよ。きみはどう，アン？

A: 私(わたし)は大好(だいす)きよ。

1 下(くだ)って　　2 上(のぼ)って　　3 (How about ～?で)～はどうですか。

4 ～の

✏️　How about you? で「あなたはどうですか。」という意味(いみ)を表(あらわ)すので，3が適切(てきせつ)です。

📖 **WORDS&PHRASES**

□ **grapes**—ぶどう　　□ **How about you?**—あなたはどうですか。

---

(11)　*A:* マイクはどこにいますか。

B: 彼(かれ)はベッドで眠(ねむ)っています。

1 週(しゅう)　　2 年(とし)　　3 正午(しょうご)　　4 ベッド

✏️　Where is ～? (～はどこにいますか。)と場所(ばしょ)を聞(き)いているので，He's sleeping in に合(あ)う場所(ばしょ)として4が適切(てきせつ)です。

19 年度　第 2 回　筆記

📖 WORDS&PHRASES

□ sleep—眠る　□ week—週　□ year—年　□ noon—正午　□ bed—ベッド

(12) カズコのお父さんは朝に新聞を読みます。

1 （特定の日）に　　2 ～に　　3 ～へ　　4 ～の

☑️ in the morning で「朝に」という意味を表すので，2 が適切です。

📖 WORDS&PHRASES

□ read—～を読む　□ newspaper—新聞　□ morning—朝，午前

(13) A: あなたの誕生日はいつですか。　　B: 8月30日です。

1 どうやって　　2 いつ　　3 だれ　　4 どこで

☑️ Bが日付を答えていることから，2 が適切です。

📖 WORDS&PHRASES

□ birthday—誕生日　□ August—8月　□ when—いつ　□ who—だれ

(14) 私の兄[弟]はバスケットボールをしますが，私はしません。

1 is not の短縮形　　　　　2 are not の短縮形

3 do not の短縮形　　　　　4 does not の短縮形

☑️ 空所のあとに play basketball （バスケットボールをする）が省略されています。主語がIなので，3 が適切です。

📖 WORDS&PHRASES

□ play—（スポーツ）をする　□ basketball—バスケットボール　□ but—しかし

(15) A: これは私のお父さんのくつです。　　B: わあ！　とても大きい。

1 これ　　2 それらを　　3 あれ　　4 これら

☑️ くつは両足にはくので，ふつうは shoes と複数形で表します。日本語では「これ」でも，英語では「これら」となります。4 が適切です。

📖 WORDS&PHRASES

□ shoes—shoe（くつ）の複数形　□ really—とても　□ these—これら

(16) **女性:** 紅茶はいかがですか。
　　 男性: はい，お願いします。

　　　　 1　4ドルお願いします。
　　　　 2　はい，お願いします。
　　　　 3　2時間です。
　　　　 4　それはケーキです。

- -

✓ Do you want some tea?（紅茶はいかがですか。）とすすめられての返答としては，Yes, please.（はい，お願いします。）と答えている**2**が適切です。

📖 WORDS&PHRASES

□ **want**—〜がほしい　　□ **tea**—紅茶　　□ **dollar**—ドル　　□ **hour**— I 時間

(17) **少女 1:** あなたの幼い弟さんはとてもかわいいわ。彼は何歳なの？
　　 少女 2: 3歳よ。

　　　　 1　彼はだれ？
　　　　 2　それはいつ？
　　　　 3　彼は何歳なの？
　　　　 4　あなたはどこにいるの？

- -

✓ He's three.（彼は 3 歳よ。）と答えていることから，How old is he?（彼は何歳なの？）と年齢を聞いている**3**が適切です。

📖 WORDS&PHRASES

□ **baby brother**—幼い弟　　□ **cute**—かわいい

(18) **少女:** どこへ行くの？
　　 母親: スーパーマーケットによ。卵がほしいの。

　　　　 1　私の友人よ。
　　　　 2　今週よ。
　　　　 3　テーブルの上によ。
　　　　 4　スーパーマーケットによ。

✏️ Where are you going?（どこへ行くの？）と聞かれているので，To the supermarket.（スーパーマーケットによ。）と行く場所を答えている**4**が適切です。

📖 **WORDS & PHRASES**

□ **egg**ー卵　　□ **table**ーテーブル　　□ **supermarket**ースーパーマーケット

(19)　**男性**: やあ，エレン。この花はきみにだよ。
　　　女性: ありがとう，スコット。かわいらしいわ。

　　　　1　この花はきみにだよ。
　　　　2　ぼくも1本持っているよ。
　　　　3　彼女はここにいないよ。
　　　　4　それは今日だよ。

✏️ 女性がThank youとお礼を言ったあとに，It's pretty.（かわいらしいわ。）と言っていることから，**1**が適切です。

📖 **WORDS & PHRASES**

□ **pretty**ーかわいらしい　　□ **flower**ー花　　□ **too**ー〜もまた　　□ **here**ーここに

(20)　**少年**: きみは学生？
　　　少女: その通りよ。私は高校へ行っているの。

　　　　1　7時によ。
　　　　2　いいえ，結構よ。
　　　　3　その通りよ。
　　　　4　えんぴつよ。

✏️ Are you a student?（きみは学生？）と聞かれて，空所のあとでI go to high school.（私は高校へ行っているの。）と言っていることから，**3**が適切です。

📖 **WORDS & PHRASES**

□ **student**ー学生　　□ **high school**ー高校　　□ **〜 o'clock**ー〜時

(21) **My (grandmother lives in Tokyo).**

✎ 「～に住んでいます」は live in ～ で表します。ここでは，～の部分に Tokyo が入ります。主語の「私の祖母は」は，My grandmother です。

(22) **Mr. Jones, (welcome to our school).**

✎ 「～へようこそ。」は Welcome to ～. で表します。ここでは，～の部分に our school（私たちの学校）が入ります。

(23) **(Don't eat your lunch in) the library.**

✎ 「～してはいけません。」は Don't ～. で表します。「昼食を食べる」は eat your lunch で表します。空所のあとに the library があるので，この前に in を置いて「図書館で」とします。

(24) **I often (watch TV at night).**

✎ 「テレビを見ます」は watch TV，「夜に」は at night で表します。

(25) **I'm sorry, Jack. I (can't speak with you) now.**

✎ 「～できません」は can't を使って表します。「～と話をする」は speak with ～ で表します。ここでは～の部分に you が入ります。

リスニングテスト第１部

🔊 "Is this your bag?" | 「これはあなたのかばん？」
1 Sure, I can. | 1 「もちろん，できるよ。」
2 On the chair. | 2 「いすの上だよ。」
3 Yes, it is. | **3 「うん，そうだよ。」**

No.1

🔊 "Can you skate?" | 「きみはスケートができるの？」
1 Here you are. | 1 「はい，どうぞ。」
2 Good job. | 2 「よくやったわ。」
3 No, I can't. | **3 「いいえ，できないわ。」**

☑ Can you 〜?（あなたは〜することができますか。）と聞いているので，できないことを答えている**3**の No, I can't.（いいえ，できないわ。）が適切です。

No.2

🔊 "What are you looking at?" | 「何を見ているの？」
1 Pictures of my friends. | **1 「私の友達の写真よ。」**
2 Fine, thanks. | 2 「元気よ，ありがとう。」
3 Sure, it is. | 3 「もちろん，それよ。」

No.3

🔊 "How old is your sister?" | 「きみの妹は何歳？」
1 She's great. | 1 「彼女はすごいわ。」
2 She's seven. | **2 「彼女は７歳よ。」**
3 She's sleeping. | 3 「彼女は眠っているわ。」

☑ How old is 〜?（〜は何歳ですか。）と聞いているので，年齢を答えている**2**の She's seven.（彼女は７歳よ。）が適切です。

No.4

"Dad, what's the date today?"	「お父さん，今日は何日？」
1 It's hers.	1 「それは彼女のだよ。」
2 In the morning.	2 「午前にだよ。」
3 October 15th.	**3 「10月15日だよ。」**

◢ What's the date today?（今日は何日ですか。）と聞いているので，
日付を答えている**3**のOctober 15th.（10月15日です。）が適切です。

No.5

"It's lunchtime. I'm hungry."	「昼食の時間よ。おなかがすいたわ。」
1 Good idea.	1 「いい考えだね。」
2 Thank you very much.	2 「どうもありがとう。」
3 Me, too.	**3 「ぼくもだよ。」**

No.6

"Do you like cookies?"	「きみはクッキーが好きかい？」
1 You, too.	1 「あなたもよ。」
2 Of course.	**2 「もちろんよ。」**
3 They're one hundred yen.	3 「それらは100円よ。」

No.7

"Who is this lady?"	「この女性はだれ？」
1 She's my aunt.	**1 「ぼくのおばだよ。」**
2 She's fine.	2 「彼女は元気だよ。」
3 She's over there.	3 「彼女はあそこにいるよ。」

◢ Who is ～?（～はだれですか。）と聞いているので，She's my aunt.
（ぼくのおばだよ。）とだれであるかを答えている**1**が適切です。

No.8

🔊 "Where is the bookstore?" | 「書店はどこかな？」

1	**I don't know.**	1	「わからないわ。」
2	After school.	2	「放課後よ。」
3	Yes, I do.	3	「ええ，するわよ。」

- -

✅ Where is ～? (～はどこにありますか。)と聞いているので，たいていは場所を答えますが，ここでは「わからないわ。」と答えている **1** の I don't know. が適切です。

No.9

🔊 "Frank! Don't run in the classroom." | 「フランク！　教室で走ってはいけませんよ。」

1	I don't have it.	1	「ぼくはそれを持っていません。」
2	**Sorry, Ms. Clark.**	2	「ごめんなさい，クラーク先生。」
3	On my desk.	3	「ぼくの机の上にです。」

No.10

🔊 "Let's play a video game." | 「テレビゲームをしましょう。」

1	Ten dollars.	1	「10ドルだよ。」
2	**All right.**	2	「いいよ。」
3	My brother.	3	「ぼくの兄［弟］だよ。」

- -

✅ Let's ～. (～しましょう。)と誘っているので，All right. (いいよ。)とそれに応じている **2** が適切です。

リスニングテスト第2部

（問題　p.065）

No.11

🔊

A: Bob, do you have a cat or a dog?

B: No, but I have a bird.

Question **What pet does Bob have?**

- -

A: ボブ，あなたはねこか犬を飼っているの？

B: いや，でも鳥を飼っているよ。

質問 **ボブは何のペットを飼っていますか。**

1 犬です。　　　　　　　　　2 魚です。

3 ねこです。　　　　　　　　**4 鳥です。**

- -

☑ 「ねこか犬を飼っているの？」と聞かれたボブが，No, but I have a bird.（いや，でも鳥を飼っているよ。）と答えているので，**4** が適切です。

No.12

🔊

A: One vanilla ice cream, please.

B: That's three dollars.

Question **How much is the ice cream?**

- -

A: バニラアイスクリームを1つ，お願いします。

B: 3ドルでございます。

質問 **アイスクリームはいくらですか。**

1 1ドルです。　　　　　　　**2 3ドルです。**

3 10ドルです。　　　　　　　4 30ドルです。

- -

☑ 「バニラアイスクリームを1つ，お願いします。」という注文に対して，That's three dollars.（3ドルでございます。）と答えているので，**2** が適切です。

A: I like yellow and green. How about you, Jenny?

B: I like purple.

Question **What color does Jenny like?**

A: ぼくは黄色と緑色が好きだよ。きみはどう，ジェニー？

B: 私は紫色が好きよ。

質問 **ジェニーは何色が好きですか。**

1 茶色です。   2 **紫色です。**

3 緑色です。   4 黄色です。

☑ 自分の好きな色を言った相手から「きみはどう？」と聞かれたジェニーが，I like purple. (私は紫色が好きよ。)と答えているので，**2** が適切です。

A: Are these your socks, Mary?

B: No, they aren't, Dad. They're Lisa's.

Question **Whose socks are they?**

A: これらはきみのくつ下かい，メアリー？

B: いいえ，ちがうわよ，お父さん。リサのよ。

質問 **それらはだれのくつ下ですか。**

1 メアリーのです。   2 メアリーのお父さんのです。

3 **リサのです。**   4 リサのお兄［弟］さんのです。

☑ 「これらはきみのくつ下かい？」と聞かれたメアリーが，No, they aren't, Dad. と答えたあとにThey're Lisa's. (リサのよ。)と言っているので，**3**が適切です。

No.15

🔊 *A:* Are you 10 years old, Billy?

B: Yes, I am. My birthday is April 15.

Question **When is Billy's birthday?**

A: あなたは10歳なの，ビリー？

B: うん，そうだよ。ぼくの誕生日は4月15日だよ。

質問 ビリーの誕生日はいつですか。

1　4月10日です。　　　　　　　**2　4月15日です。**

3　8月10日です。　　　　　　　4　8月15日です。

✓ 「あなたは10歳なの？」と聞かれたビリーが，Yes, I am. と答えたあとに My birthday is April 15. (ぼくの誕生日は4月15日だよ。)と言っているので，**2**が適切です。

リスニングテスト第3部 （問題　p.066 ～ 067）

No.16

🔊
1　**It's cloudy today.**

2　It's snowy today.

3　It's sunny today.

1　**今日は曇りです。**

2　今日は雪です。

3　今日は晴れです。

✓　男の子が曇り空を見ている絵なので，**1**が適切です。天気を表す語は，rainy（雨の降る），windy（風が強い），warm（暖かい），hot（暑い），cold（寒い）なども覚えておきましょう。

No.17

🔊
1　The hamster is on Ken's leg.

2　**The hamster is on Ken's shoulder.**

3　The hamster is on Ken's hand.

1　ハムスターはケンの脚の上にいます。

2　**ハムスターはケンの肩の上にいます。**

3　ハムスターはケンの手の上にいます。

✓　男の子の肩の上にハムスターがいる絵なので，**2**が適切です。legは「脚」，shoulderは「肩」，handは「手」という意味です。体の部位を表す語は，ほかにhead（頭），arm（腕），foot（足）などを覚えておきましょう。

No.18

🔊
1　Mr. Evans is running.

2　Mr. Evans is reading.

3　**Mr. Evans is writing.**

1 エバンスさんは走っています。

2 エバンスさんは読書しています。

3 エバンスさんは手紙を書いています。

✓ 男性が手紙を書いている絵なので，3が適切です。

No.19

🔊 1 **The score is 16 to 14.**

2 The score is 60 to 40.

3 The score is 6 to 14.

----

1 得点は16対14です。

2 得点は60対40です。

3 得点は6対14です。

✓ sixteen (16) と sixty (60)，fourteen (14) と forty (40) の発音，アクセントのちがいに注意しましょう。何対何と得点を言うときは，16 to 14 のように to を使います。

No.20

🔊 1 The book is on the desk.

2 The book is in the desk.

3 **The book is under the desk.**

----

1 本は机の上にあります。

2 本は机の中にあります。

3 本は机の下にあります。

✓ 本が机の下にある絵なので，3が適切です。場所を表す語は，ほかに by (～のそばに)，near (～の近くに) なども覚えておきましょう。

No.21

1 Rob has some erasers in his hands.
2 Rob has some flowers in his hands.
3 Rob has some plates in his hands.

----

1 ロブは手に消しゴムを持っています。
2 ロブは手に花を持っています。
3 ロブは手に皿を持っています。

☑ 男の子が手に皿を持っている絵なので，**3**が適切です。eraser は「消しゴム」，flower は「花」，plate は「皿」という意味です。

No.22

1 Judy's family is eating breakfast.
2 Judy's family is eating lunch.
3 Judy's family is eating dinner.

----

1 ジュディの家族は朝食を食べています。
2 ジュディの家族は昼食を食べています。
3 ジュディの家族は夕食を食べています。

☑ 女の子の家族が「8：00 a.m.（午前8時）」と表示された時計の下で食事している絵なので，**1**が適切です。

No.23

1 The tree is 12 meters tall.
2 The tree is 20 meters tall.
3 The tree is 40 meters tall.

----

1 木は12メートルの高さです。
2 木は20メートルの高さです。
3 木は40メートルの高さです。

☑ 絵の中の木の高さは「20m」と表示されているので，2が適切です。
12は twelve，20は twenty，40は forty と読みます。

No.24

🔊
1 The girls are playing basketball.
2 **The girls are watching a movie.**
3 The girls are singing a song.

----

1 少女たちはバスケットボールをしています。
2 **少女たちは映画を見ています。**
3 少女たちは歌を歌っています。

☑ 3人の女の子が映画を見ている絵なので，2が適切です。

No.25

🔊
1 This is a bathroom.
2 This is a bedroom.
3 **This is a kitchen.**

----

1 これは浴室です。
2 これは寝室です。
3 **これは台所です。**

☑ 台所の絵なので，3が適切です。bathroom は「浴室」，bedroom は「寝室」，kitchen は「台所」という意味です。

英検 **5** 級

2019年度・第3回 解答と解説

筆記 [p.070 — p.076]

1
(1) **1**　(2) **4**　(3) **3**　(4) **3**　(5) **3**
(6) **1**　(7) **3**　(8) **4**　(9) **2**　(10) **1**
(11) **2**　(12) **2**　(13) **4**　(14) **1**　(15) **4**

2
(16) **1**　(17) **3**　(18) **2**　(19) **4**　(20) **4**

3
(21) **1**　(22) **4**　(23) **3**　(24) **4**　(25) **2**

リスニング [p.077 — p.081]

第1部
[No.1] **2**　[No.2] **2**　[No.3] **3**　[No.4] **2**　[No.5] **2**
[No.6] **3**　[No.7] **2**　[No.8] **3**　[No.9] **1**　[No.10] **2**

第2部
[No.11] **1**　[No.12] **1**　[No.13] **3**　[No.14] **2**　[No.15] **4**

第3部
[No.16] **3**　[No.17] **1**　[No.18] **1**　[No.19] **2**　[No.20] **1**
[No.21] **2**　[No.22] **3**　[No.23] **2**　[No.24] **2**　[No.25] **3**

(1) *A:* あなたは何色が好きですか，スー？

B: 私はピンクが好きです。

1 ピンク　　2 テニス　　3 魚　　4 氷

> ✏️ What color do you like? (あなたは何色が好きですか。)という質問に対して，色を答えている **1** が適切です。

📖 **WORDS&PHRASES**

□ pink─ピンク　　□ tennis─テニス　　□ fish─魚　　□ ice─氷

(2) *A:* 昼食といっしょにあなたは何を飲みますか，ミック？

B: トマトジュースです。

1 〜を洗う　　2 走る　　3 来る　　4 〜を飲む

> ✏️ BがTomato juice. (トマトジュースです。)と言っていることから，**4** の「〜を飲む」が適切です。

📖 **WORDS&PHRASES**

□ wash─〜を洗う　　□ run─走る　　□ come─来る　　□ drink─〜を飲む

(3) 今年の夏，東京はとても暑いです。

1 やわらかい　　2 速い　　3 暑い　　4 高い

> ✏️ in Tokyo (東京では)と this summer (今年の夏)から，気候を表す **3** が適切です。

📖 **WORDS&PHRASES**

□ soft─やわらかい　　□ fast─速い　　□ hot─暑い　　□ high─高い

(4) *A:* あなたはいつ宿題をしますか，テッド？

B: 夕食前です。夕食後は，本を読みます。

1 上に　　2 〜の　　3 〜の前に　　4 〜の上に

> ✏️ When do you do your homework, Ted? (あなたはいつ宿題をしますか，テッド？)と聞かれているので，時を表す語句で答えます。

dinner (夕食)があとに続くことから，**3** が適切です。

(5) *A:* 昼食にサンドイッチを作ろう，お母さん。

B: できないわ。パンがないのよ。

1 雪　　**2** 雨　　**3** パン　　**4** 氷

✒️ サンドイッチを作ろうという提案に対して，Bが We don't have 〜. と何かがないからできないと答えているので，**3** が適切です。

(6) *A:* これはきみの新しい電話かい，アリス。

B: ちがうわよ，お父さん。私の古い電話よ。

1 新しい　　**2** 長い　　**3** すべての　　**4** 全部の

✒️ Aの質問に対して，Bが No で my old one (私の古い電話)と答えていることから，old の反意語である **1** が適切です。one は phone を指しています。

(7) *A:* 今日宿題はあるの，ベッキー？

B: はい，理科の宿題があります。それは簡単です。

1 背が高い　　**2** (速度が)遅い　　**3** 簡単な　　**4** 小さい

✒️ Bが science homework (理科の宿題)について説明しているので，**3** が適切です。

(8) デイビッドは自分の部屋で音楽を聞いています。

1 play(〜を演奏する)の ing形　　**2** get(〜を手に入れる)の ing形

3 see（〜を見る，〜に会う）の ing 形　　**4** listen（聞く）の ing 形

- -

☑️ to music が続くものとして**4**が適切です。is listening to music で「音楽を聞いている」という意味を表します。

📖 WORDS&PHRASES
□ **listen to** 〜—〜を聞く　　□ **music**—音楽　　□ **get**—〜を得る
□ **see**—〜を見る，〜に会う

(9)　*A:* わが家へようこそ。どうぞお入りください。　　*B:* ありがとう。
　　1 〜を下って　　**2** 〜へ　　**3** 〜を越えて　　**4** 〜の

- -

☑️ Welcome to 〜. で「〜へようこそ。」という意味を表すので，**2**が適切です。

📖 WORDS&PHRASES
□ **house**—家　　□ **Please** 〜.—〜してください。　　□ **come in**—中に入る

(10)　ジャックは毎週末，お兄［弟］さんとプールへ泳ぎに行きます。
　　1 行く　　**2** 歩く　　**3** すわる　　**4** 話す

- -

☑️ 直後の swimming とのつながりを考えると**1**が適切です。go 〜ing で「〜しに行く」という意味を表します。

📖 WORDS&PHRASES
□ **go swimming**—泳ぎに行く　　□ **walk**—歩く　　□ **speak**—話す

(11)　*A:* 夏のキャンプについて話しましょう。　　*B:* いいですよ。
　　1 眠る　　**2** 話す　　**3** 〜を知っている　　**4** 〜を開ける

- -

☑️ talk about 〜で「〜について話す」という意味を表すので，**2**が適切です。

📖 WORDS&PHRASES
□ **Let's** 〜.—〜しましょう。　　□ **talk about** 〜—〜について話す

(12)　*A:* このぶどうはいくらですか。
　　B: 400円です。

1 （How about ～?で）～はどうですか。

2 （How much are[is] ～?で）～はいくらですか。

3 （How fast ～?で）どのくらい速く～ますか。

4 （How old are[is] ～?で）～は何歳ですか。

✓ Bが400 yen（400円）と値段を答えているので，2が適切です。

📖 **WORDS&PHRASES**

□ **How much are[is] ～ ?** ─ ～はいくらですか。　　□ **grape** ─ ぶどう

(13) *A:* ルーシーは毎週土曜日にテニスをしますか。　　*B:* いいえ，しません。

1 主語がIの場合のbe動詞

2 主語がyou, we, theyなどの場合のbe動詞

3 助動詞do　　　　　　　　　4 助動詞doの3人称単数現在形

✓ 一般動詞の疑問文で主語のLucyは3人称単数なので，4が適切です。

📖 **WORDS&PHRASES**

□ **play tennis** ─ テニスをする　　□ **every Saturday** ─ 毎週土曜日に

(14) 私の家から富士山を見ることができます。

1 see（～を見る）の原形　　　2 seeの3人称単数現在形

3 seeのing形　　　　　　　　4 seeの過去形

✓ 直前に助動詞canがあるので，動詞の原形である1が適切です。

📖 **WORDS&PHRASES**

□ **can** ─ ～できる　　□ **from** ─ ～から　　□ **house** ─ 家

(15) *A:* ジャネットはどこの出身ですか。　　*B:* 彼女はシンガポール出身です。

1 なぜ　　2 だれ　　3 だれの（もの）　　4 どこ

✓ She's from Singapore.（彼女はシンガポール出身です。）と答えていることから，4が適切です。

📖 **WORDS&PHRASES**

□ **Singapore** ─ シンガポール　　□ **why** ─ なぜ　　□ **whose** ─ だれの（もの）

2

(16) 少女: あの男の人はだれ？
少年: 彼はぼくの先生だよ。

1 彼はぼくの先生だよ。

2 その通りだよ。

3 いいえ，それはちがうよ。

4 また明日。

✎ Who is that man?（あの男の人はだれ？）と聞いていることから，
He's my teacher.（彼はぼくの先生だよ。）とその男性の説明をしてい
る**1**が適切です。

📖 WORDS&PHRASES
□ **teacher**—先生　　□ **See you tomorrow.**—また明日。

(17) 少年: 今日は何日？
母親: 8月1日よ。

1 私は7月に行くわよ。

2 5時よ。

3 8月1日よ。

4 私は春が好きよ。

✎ What is the date today?（今日は何日？）と日付を聞いていることか
ら，It's August 1st.（8月1日よ。）と日付を答えている**3**が適切です。

📖 WORDS&PHRASES
□ **date**—日付　　□ **July**—7月　　□ **〜 o'clock**—〜時　　□ **August**—8月

(18) 少年: きみは毎日コンピューターゲームをするの？
少女: いいえ，日曜日だけよ。

1 自分の部屋でね。

2 日曜日だけよ。

3 私はちがうわ。

4 これはあなたのよ。

📝 Do you play computer games every day?（あなたは毎日コンピューターゲームをするの？）と聞かれて，No と答えていることから，only on Sundays（日曜日だけです）と続く **2** が適切です。曜日に s をつけると，「その曜日にはたいてい」というような意味を表します。

(19) **少女:** どちらのノートがあなたの？
少年: 黒いほうだよ。

　　　1　はい，できるよ。　　　　　　2　100円だよ。
　　　3　その通りだよ。　　　　　　　4　黒いほうだよ。

📝 Which notebook is yours?（どちらのノートがあなたの？）と聞かれて，The black one.（黒いほうだよ。）と答えている **4** が適切です。one は notebook を表しています。また，which は「どちらの～，どの～」という意味になります。

(20) **少女:** コンリンさん，今日はお元気ですか。
女性: 元気ですよ，ありがとう。

　　　1　それは私のものです，　　　　2　明日です，
　　　3　私の友人です，　　　　　　　4　元気ですよ，

📝 How are you?（元気ですか。）と聞かれているので，I'm fine（元気ですよ）と答えている **4** が適切です。

(21)　**(How many CDs can) you buy?**

☑　ものや人の数をたずねるときは，How many ～?で表します。How manyのあとには複数名詞が続き，ここではCDsが入ります。

(22)　**(Are the children at the park)?**

☑　be動詞には「いる，ある」という意味もあります。疑問文なので，〈be動詞＋主語＋at＋場所?〉の語順に並べます。ここでは，場所の部分にthe park（公園）が入ります。

(23)　**Ann and (Tom are playing tennis) with their father.**

☑　「～しています」は，〈主語＋be動詞＋動詞のing形～.〉の語順に並べます。「テニスをしています」は，are playing tennisとします。

(24)　**(My sister washes the dishes) every day.**

☑　主語のMy sisterのあとに，「お皿を洗います」を表すwashes the dishesを続けます。

(25)　**Sarah, (it's time for breakfast).**

☑　「～の時間です。」は，It's time for ～.で表します。ここでは，「～」の部分にbreakfast（朝食）が入ります。

リスニングテスト第1部 （問題 p.077～078）

〈例題〉

🔊 "Is this your bag?"
1 Sure, I can.
2 On the chair.
3 Yes, it is.

「これはあなたのかばん？」
1 「もちろん，できるよ。」
2 「いすの上だよ。」
3 「うん，そうだよ。」

No.1

🔊 "Look at those flowers."
1 You, too.
2 They're very pretty.
3 I'm fine, thanks.

「あれらの花を見て。」
1 「あなたもね。」
2 「とてもきれいね。」
3 「元気よ，ありがとう。」

☑ Look at those flowers.（あれらの花を見て。）と言われているので，それに対してその花の感想を述べている**2**が適切です。

No.2

🔊 "See you on Monday."
1 You're tall.
2 Bye, Mrs. Nelson.
3 I like school.

「また月曜日ね。」
1 「あなたは背が高いですね。」
2 「ネルソン先生，さようなら。」
3 「ぼくは学校が好きです。」

No.3

🔊 "Do you know any English songs?"
1 Yes, I'm fine.
2 Yes, they are.
3 Yes, I do.

「きみは英語の歌をいくつか知ってるかな？」
1 「はい，元気です。」
2 「はい，そうです。」
3 「はい，知っています。」

☑ Do you ～？という一般動詞の疑問文の場合，答えるときもdoを用いるので，**3**が適切です。

No.4

🔊
"Whose violin is that?"	「あれはだれのヴァイオリン？」
1 I like music.	1 「私は音楽が好き。」
2 My mother's.	**2 「お母さんのよ。」**
3 It's a CD.	3 「それはCDよ。」

- -

✓ 〈Whose＋名詞～？〉（だれの～ですか。）という問いに対して，持ち主を答えている**2**の My mother's.（お母さんのよ。）が適切です。〈名詞＋'s〉は「～のもの」という意味を表します。

No.5

🔊
"How tall is the tower?"	「あの塔はどれくらいの高さですか。」
1 It's Monday today.	1 「今日は月曜日です。」
2 Three hundred meters.	**2 「300メートルです。」**
3 I like it.	3 「私はそれが好きです。」

No.6

🔊
"Is math easy for you?"	「あなたにとって数学は簡単？」
1 It's Saturday.	1 「土曜日だよ。」
2 I like school.	2 「ぼくは学校が好きだよ。」
3 No, it isn't.	**3 「いいえ，そうではないよ。」**

No.7

🔊
"What are you writing?"	「何を書いているの？」
1 At home.	1 「家でだよ。」
2 A letter to Grandma.	**2 「おばあちゃんへの手紙だよ。」**
3 I like summer.	3 「ぼくは夏が好きなんだ。」

- -

✓ What are you writing?（何を書いているの？）と聞いているので，書いているものを答えている**2**の A letter to Grandma.（おばあちゃんへの手紙だよ。）が適切です。

No.8

🔊

"When is your sister's
birthday?"
1 Five years old.
2 A cake.
3 **In March.**

「あなたのお姉[妹]さんの誕生日は
いつなの？」
1 「5歳だよ。」
2 「ケーキだよ。」
3 **「3月だよ。」**

- -

☑ When is ～? (～はいつですか。) と聞いているので，月を答えてい
る**3**のIn March.（3月だよ。）が適切です。

No.9

🔊

"Where is Dad?"
1 **He's at the
   supermarket.**
2 I don't have it.
3 It's my friend's.

「お父さんはどこにいる？」
1 **「スーパーにいるわよ。」**
2 「それは持ってないわ。」
3 「それは私の友達のよ。」

No.10

🔊

"What color do you like?"
1 Science.
2 **Purple.**
3 Hot dogs.

「何色が好き？」
1 「理科だよ。」
2 **「紫色だよ。」**
3 「ホットドッグだよ。」

- -

☑ What color do you like? (何色が好き？) と聞かれているので，色
を答えている**2**のPurple.（紫色だよ。）が適切です。

リスニングテスト第2部

（問題　p.079）

No.11

A: Donna, do you go to school by bike?

B: No, I go by bus.

Question **How does Donna go to school?**

- -

A: ドンナ，きみは自転車で学校に行くの？

B: いいえ，バスで行くわ。

質問 **ドンナはどのようにして学校に行きますか。**

1　彼女はバスに乗ります。
2　彼女は自転車で行きます。
3　彼女は電車に乗ります。
4　彼女はお母さんといっしょに行きます。

- -

✓　「自転車で学校に行くの？」と聞かれて，No, I go by bus.（いいえ，バスで行くわ。）と答えているので，**1**が適切です。

No.12

A: Mom, where's my cap?

B: It's on your bed.

Question **Where is the boy's cap?**

- -

A: お母さん，ぼくのぼうしはどこにある？

B: あなたのベッドの上によ。

質問 **少年のぼうしはどこにありますか。**

1　彼のベッドの上です。　　2　彼の机の下です。
3　台所にです。　　　　　　4　学校にです。

- -

✓　Mom, where's my cap?（お母さん，ぼくのぼうしはどこにある？）とたずねた息子に対して，母親がIt's on your bed.（あなたのベッドの上によ。）と答えているので，**1**が適切です。

A: What are you doing, Lucy?

B: I'm making cookies. They are for a school party.

Question **What is Lucy doing?**

A: 何をしているの，ルーシー？

B: クッキーを作っているの。学校のパーティーのためのものなの。

質問 **ルーシーは何をしていますか。**

1 ケーキを食べています。　　2 パーティーをしています。

3 クッキーを作っています。　　4 学校に向かっています。

☑ What are you doing?（何をしているの？）と聞かれたルーシーが I'm making cookies.（クッキーを作っているの。）と答えているので，**3**が適切です。

A: I go skiing every December.

B: Really? I sometimes go skiing in January or February.

Question **When does the man go skiing?**

A: 私は毎年12月にスキーに行きます。

B: 本当？　私は1月か2月にときどきスキーに行きます。

質問 **男性はいつスキーに行きますか。**

1 毎年11月です。　　　　　　**2 毎年12月です。**

3 毎年1月です。　　　　　　4 毎年2月です。

☑ 男性がI go skiing every December.（私は毎年12月にスキーに行きます。）と言っているので，**2**が適切です。

No.15

A: Are you reading a textbook, Mary?

B: No. I'm reading a magazine.

Question **What is Mary reading?**

A: 教科書を読んでいるの，メアリー？

B: いいえ。雑誌を読んでいるの。

質問 メアリーは何を読んでいますか。

1 教科書です。　　　　　　2 手紙です。

3 メールです。　　　　　　4 雑誌です。

教科書を読んでいるのかと聞かれたメアリーが，No. I'm reading a magazine.（いいえ。雑誌を読んでいるの。）と答えているので，4 が適切です。

リスニングテスト第3部

No.16

1 Mr. Smith is washing a potato.
2 Mr. Smith is buying a potato.
3 Mr. Smith is cutting a potato.

---

1 スミスさんはジャガイモを洗っています。
2 スミスさんはジャガイモを買っています。
3 スミスさんはジャガイモを切っています。

☑ 男の人がジャガイモを切っている絵なので，**3**が適切です。washは「～を洗う」，buyは「～を買う」，cutは「～を切る」という意味です。

No.17

1 A girl is making paper planes.
2 A girl is making sandwiches.
3 A girl is making cups.

---

1 少女は紙飛行機を作っています。
2 少女はサンドイッチを作っています。
3 少女はカップを作っています。

☑ 少女が紙飛行機を作っている絵なので，**1**が適切です。paper planeは「紙飛行機」，sandwichは「サンドイッチ」，cupは「カップ」という意味です。

No.18

1 James is speaking to a doctor.
2 James is speaking to a cook.
3 James is speaking to a pilot.

---

1 ジェームズは医者に話しかけています。

2 ジェームズはコックに話しかけています。

3 ジェームズはパイロットに話しかけています。

☑ 絵の右側の男の人は聴診器などから医者と判断できるので, 1 が適切です。speak to 〜は「〜に話しかける」, doctor は「医者」, cook は「コック」, pilot は「パイロット」という意味です。

No.19

🔊
1 This hat is 100 yen.

2 This hat is 1,000 yen.

3 This hat is 1,010 yen.

---

1 このぼうしは100円です。

2 このぼうしは1,000円です。

3 このぼうしは1,010円です。

☑ 値札が「¥1,000」となっているので, 2 が適切です。one hundred (100) や one thousand (1,000) など, 数字の言い方をしっかり覚えましょう。

No.20

🔊
1 The children are studying.

2 The children are listening to the radio.

3 The children are singing.

---

1 子どもたちは勉強しています。

2 子どもたちはラジオを聞いています。

3 子どもたちは歌っています。

☑ 子どもたちが机に向かって勉強している絵なので, 1 が適切です。study は「勉強する」, listen to 〜は「〜を聞く」, sing は「歌う」という意味です。

No.21

1 It's five forty-five in the morning.

2 It's five fifty in the morning.

3 It's five fifty-five in the morning.

----

1 朝の5時45分です。

2 朝の5時50分です。

3 朝の5時55分です。

☑ 絵の時計が「5:50」を示しているので，**2**が適切です。forty（40）や fifty（50）などの数字の読み方をしっかり覚えましょう。

No.22

1 The bird is on Ted's foot.

2 The bird is on Ted's head.

3 The bird is on Ted's finger.

----

1 その鳥はテッドの足にとまっています。

2 その鳥はテッドの頭にとまっています。

3 その鳥はテッドの指にとまっています。

☑ 鳥が少年の指にとまっている絵なので，**3**が適切です。footは「足」，headは「頭」，fingerは「指」という意味です。

No.23

1 Mika likes fishing with her father.

2 Mika likes swimming with her father.

3 Mika likes running with her father.

----

1 ミカはお父さんといっしょに釣りをするのが好きです。

2 ミカはお父さんといっしょに泳ぐのが好きです。

3 ミカはお父さんといっしょに走るのが好きです。

◢ プールで泳いでいる絵なので，2が適切です。like ～ing は「～するのが好きである」という表現です。fishは「釣りをする」，swimは「泳ぐ」，runは「走る」という意味です。

No.24

🔊
1　The girls are watching a football game.

2　The girls are watching a baseball game.

3　The girls are watching a basketball game.

1　少女たちはフットボールの試合を見ています。

2　少女たちは野球の試合を見ています。

3　少女たちはバスケットボールの試合を見ています。

◢ 少女たちが野球を見ている絵なので，2が適切です。footballは「フットボール」，baseballは「野球」，basketballは「バスケットボール」という意味です。

No.25

🔊
1　A horse is standing by a tree.

2　A sheep is standing by a tree.

3　An elephant is standing by a tree.

1　馬が木のそばに立っています。

2　羊が木のそばに立っています。

3　ゾウが木のそばに立っています。

◢ ゾウが木のそばにいる絵なので，3が適切です。horseは「馬」，sheepは「羊」，elephantは「ゾウ」という意味です。また，byは，「～のそばに」という意味です。

英検 5 級

合格力チェックテスト 解答と解説

筆記 [p.084 − p.090]

1 (1) 2 (2) 2 (3) 3 (4) 4 (5) 1
       (6) 4 (7) 3 (8) 4 (9) 1 (10) 1
       (11) 3 (12) 4 (13) 1 (14) 1 (15) 4

2 (16) 1 (17) 2 (18) 4 (19) 1 (20) 4

3 (21) 4 (22) 1 (23) 2 (24) 4 (25) 3

リスニング [p.091 − p.095]

第1部 [No.1] 2 [No.2] 2 [No.3] 3 [No.4] 2 [No.5] 1
          [No.6] 1 [No.7] 1 [No.8] 2 [No.9] 3 [No.10] 3

第2部 [No.11] 3 [No.12] 2 [No.13] 4 [No.14] 1 [No.15] 2

第3部 [No.16] 1 [No.17] 3 [No.18] 3 [No.19] 1 [No.20] 3
          [No.21] 2 [No.22] 2 [No.23] 3 [No.24] 1 [No.25] 1

合格診断チャートに得点を記入しよう!

下のチャートに合格力チェックテストの得点を記入しましょう。チャートの中心からめもりを数えて正解数のところに印をつけ, 線で結びます。得点が低かった分野については, 下の「分野別弱点克服の方法」を参考に学習を進めましょう!

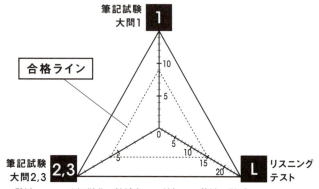

筆記試験
大問1

1

合格ライン

10
5
0
5 10 15 20

筆記試験
大問2,3

2,3

L

リスニング
テスト

※合格ラインは弊社独自の参考値です。必ずしも合格を保証するものではありません。

分野別弱点克服の方法
自分の弱点に集中して取り組み, 効率的に合格に必要な対策をしましょう。

1 筆記試験 大問1

語い力の強化が得点アップの鍵になりそうです。英検用の単語集などを活用し, 語いを増やしましょう。英検では単語を英訳させる問題は出ないので, 単語の意味がわかれば○Kです。単語集で, 意味をかくして意味を言ってみる練習をするのがおすすめです。

2,3 筆記試験 大問2,3

会話で使われる決まった表現をおさえることが得点アップの鍵になりそうです。過去問などを解くほか, 英検用の単語・熟語集などに掲載されている会話表現を何も見ずに言えるようになるくらいしっかり覚えておくのがおすすめです。

L リスニングテスト

リスニング力強化のためには, やはり音声教材の活用が不可欠です。過去問など音声教材で, 例文や会話表現を聞きましょう。その際, 数・時間・場所・人物などのキーワードをつかんで聞くことが重要です。

(1) **私の大好きなスポーツは野球です。**
1 歌　2 スポーツ　3 食べ物　4 教科

✓ My favorite 〜 で「私の大好きな〜」という意味です。後ろに baseball が続いているので，2の sport が適切です。

📖 WORDS&PHRASES
□ **favorite**—お気に入りの，大好きな　□ **baseball**—野球　□ **subject**—科目，教科

(2) **7月は1年で7番目の月です。**
1 6月　2 7月　3 8月　4 9月

✓ 1年で7番目の月は7月なので，2の July が適切です。

📖 WORDS&PHRASES
□ **month**—(暦の)月　□ **year**—年　□ **August**—8月　□ **September**—9月

(3) **今日の授業を始めましょう，みなさん。教科書の34ページを開いてください。**
1 単語　2 1時間　3 ページ　4 運動場

✓ page 34, page 5のように，数字より pageが先にくることを覚えておきましょう。

📖 WORDS&PHRASES
□ **class**—授業　□ **textbook**—教科書　□ **word**—単語　□ **ground**—運動場

(4) *A:* きみのお兄[弟]さんはバスケットボールが好きなの？
B: ええ。彼はよくインターネットでバスケットボールの試合を見ているわ。
1 sing (〜を歌う)の3人称単数現在形
2 swim (泳ぐ)の3人称単数現在形
3 drink (〜を飲む)の3人称単数現在形
4 watch (〜を見る)の3人称単数現在形

✓ watch games で「試合を見る」という意味なので，4のwatchesが

適切です。ほかの選択肢は「バスケットボールの試合」と合いません。

(5) このテーブルは小さすぎます。私は大きいものが必要なのです。
1 小さい　　2 高い　　3 長い　　4 すまなく思って

☑ I need a big one. がポイントです。This tableが小さすぎるから大きなものが必要ということなので，1のsmallが適切です。

(6) A: 音楽の授業では何をするの？　　B: クラスメイトたちと歌を歌うよ。
1 理科　　2 スポーツ　　3 歴史　　4 音楽

☑ I sing some songs とあるので，4のmusicが適切です。

(7) A: あなたの犬は小さくてかわいいわね，ブラッド。
B: ありがとう，エミリー。彼は今，生後6か月なんだ。
1 大きな　　2 熱い　　3 かわいい　　4 すっぱい

☑ Thanksという返答から飼い犬がほめられていることが予想できます。
したがって，「かわいい」という意味の3のcuteが当てはまります。

(8) A: 寒すぎるね，アレックス。窓を閉めてよ。
B: わかったよ，お父さん。
1 ～を持っている　　2 ～を手伝う　　3 ～を置く　　4 ～を閉める

☑ 最初の文で，too cold（寒すぎる）と言っているので，窓を「閉める」

という意味の close が適切です。

(9) 私はいつも朝食の前にカップ1杯のホットミルクを飲みます。
　　1 カップ　　2 いす　　3 口　　4 本

✓ 空所のあとの hot milk がポイント。a cup of 〜 が「カップ1杯の〜」
　という意味なので，1 が適切です。

(10) 私は毎週末テレビでサッカーの試合を見ます。
　　1 〜で　　2 〜の中で　　3 〜へ　　4 〜から

✓ watch 〜 on TV が「テレビで〜を見る」という意味なので，1 が適
　切です。

(11) A: ルーカスはどこですか。
　　B: 彼は今，学校でサッカーの練習をしています。
　　1 〜を練習する　　　　　　　2 practice の3人称単数現在形
　　3 practice の ing 形　　　　4 to ＋ practice の原形

✓ Bの発言で He's（He is を短くした形）を使っていることから，3 が適
　切です。He is practicing 〜 で「彼は〜を練習をしています」という
　意味を表しています。

(12) 私の犬はレックスとダニーです。彼らは大きくてかっこいいです。
　　1 それは　　2 彼は　　3 私たちは　　4 彼らは

☑ big and cool なのは，2匹の犬(Rex and Danny)のことなので，「彼らは」という意味の**4**のTheyが適切です。

(13) 私はスミス先生を知っています。彼女は英語を教えています。
1 彼女は　　2 私は　　3 彼らは　　4 あなたは

☑ 英語を教えているのはMs. Smithなので，「彼女は」という意味の**1**のSheが適切です。Ms.は「～さん，～先生」という意味で，女性の姓名の前につけます。

(14) *A*: そのコンピュータに触らないで，ニック。
B: ごめんなさい，お父さん。
1 **do not**の短縮形　　2 **is not**の短縮形
3 **are not**の短縮形　　4 **does not**の短縮形

☑ Don't ～.は「～しないで。」「～してはいけません。」のように，相手に何かを禁止する表現なので，**1**が適切です。

(15) *A*: これはだれのCDなの？　私はこの歌手が好きなの。
B: 私のよ。私も彼女が好きなの。
1 何の　　2 だれが　　3 どのように　　4 だれの

☑ BがIt's mine.(私のよ。)と答えているので，空所には「だれの」という意味を表す**4**のWhoseが適切です。

2 （問題 p.087 〜 088）

(16) 少年: とてもおいしいケーキをありがとう，お母さん。
母親: どういたしまして，アレックス。

　　1 どういたしまして，
　　2 いいえ，結構です，
　　3 はい，どうぞ，
　　4 よくやったわ，

☑ Thank you for 〜.で「〜をありがとう。」という意味です。お礼を言われたので「どういたしまして」という意味の1のYou're welcome,が適切です。

📖 WORDS&PHRASES
　□ delicious—おいしい　　□ cake—ケーキ

(17) 男性: すみません。バス停はどこですか。
女性: ごめんなさい。わかりません。

　　1 いい考えね。
　　2 ごめんなさい。
　　3 私もです。
　　4 それは私のです。

☑ バス停の場所をたずねられ，「わかりません。」と答えているので，「すみません。」という意味を表す2のI'm sorry.が適切です。

📖 WORDS&PHRASES
　□ Excuse me.—すみません。　　□ bus stop—バス停

(18) 先生: あなたは夕食のあとに何をしますか，ルーカス。
生徒: ぼくは本を読みます。

　　1 8時です。
　　2 ぼくはここです。
　　3 それはぼくの大好きな食べ物です。
　　4 ぼくは本を読みます。

合格力チェックテスト　筆記

099

✓ 夕食のあとにすることを聞いているので，I read a book.（ぼくは本を読みます。）と答えている**4**が適切です。

📖 WORDS&PHRASES

□ 〜 o'clock—〜時ちょうど　　□ here—ここに[で]　　□ favorite—大好きな

(19) **少女**: 私のスカートはどこ？
母親: あそこよ。

　　1　あそこよ。

　　2　ええ，あなたはできるわ。

　　3　それ，とてもかわいいわね。

　　4　これは新品よ。

✓ 少女はスカートを探しているので，over there（向こうに，あちらに）と答えている**1**が適切です。Whereは「どこに」という意味で場所をたずねるときに使う語です。

📖 WORDS&PHRASES

□ over there—向こうに，あそこに

(20) **男性**: あなたは音楽が好きですか。
女性: ええ，とても。私はギターをひくんです。

　　1　それはあなたのためのものです。

　　2　それで全部です。

　　3　それはCDショップです。

　　4　私はギターをひくんです。

✓ 女性は，音楽が好きかどうかをたずねられて，Yes, very much.（ええ，とても。）と答えているので，さらに「ギターをひく」という情報を付け加えている**4**が適切です。

📖 WORDS&PHRASES

□ music—音楽　　□ play—（楽器）を演奏する

(21) **(Sarah is from Sydney).**

☑ Sarah is from 〜.で「サラは〜出身です。」という意味です。

(22) **(Nice to meet you), Mr. Green.**

☑ 「お会いできてうれしいです」という初対面のあいさつは，Nice to meet you.と言います。

(23) **(My sister is cleaning her room) now.**

☑ 「今，掃除をしています[掃除をしている最中です]」と言いたいので，is cleaning を使います。掃除をしている場所は cleaning のあとに続けます。

(24) **(How much is this bike)?**

☑ 「〜はいくらですか。」と値段をたずねるときは，How much is 〜? と言います。

(25) **(I cook dinner every) day.**

☑ 「(食事など)を作る」は cook です。cook dinner で「夕食を作る」，また，cook soup で「スープを作る」という意味になります。

リスニングテスト第1部

（問題　p.091 ～ 092）

〈例題〉

🔊

"Is this your bag?"	「これはあなたのかばん？」
1 Sure, I can.	1 「もちろん，できるよ。」
2 On the chair.	2 「いすの上だよ。」
3 Yes, it is.	3 「うん，そうだよ。」

No.1

🔊

"How's the weather in your city?"	「あなたの街の天気はどうですか。」
1 By bus.	1 「バスでです。」
2 It's snowy.	2 「雪です。」
3 I'm fine.	3 「私は元気です。」

✅ 天気をたずねているので，It's snowy. と答えている **2** が適切です。

No.2

🔊

"What time is it?"	「何時ですか。」
1 Ice cream, please.	1 「アイスクリームをください。」
2 It's 10:30.	2 「10時30分です。」
3 It's my watch.	3 「それは私の時計です。」

✅ What time is it? を使って時刻をたずねているので，**2** が適切です。

No.3

🔊

"Is this red cell phone yours?"	「この赤い携帯電話はきみの？」
1 Yes, a little.	1 「ええ，少し。」
2 It's here.	2 「ここにあります。」
3 Yeah, it's mine.	3 「ええ，私のよ。」

✅ yours を使って，携帯電話が相手のものかどうかをたずねているので，mine を使って「私のもの」と答えている **3** が適切です。

No.4

🔊 "What are you doing, Jessica?" | 「何をしているの，ジェシカ？」

1 Coffee, please. | 1 「コーヒーをお願いします。」

2 I'm doing my homework. | **2 「宿題をしているの。」**

3 I'm here. | 3 「私はここにいます。」

☑ 今していることをたずねているので，I'm doing ～と答えている **2** が適切です。

No.5

🔊 "Do you have a dictionary, Cathy?" | 「きみは辞書を持ってる，キャシー？」

1 Sorry, I don't. | **1 「ごめんなさい，持っていないの。」**

2 All right. | 2 「わかったわ。」

3 I like English. | 3 「私は英語が好きよ。」

☑ **1** は，I don't have a dictionary.（私は辞書を持っていません。）を省略して I don't. と言っています。

No.6

🔊 "Can I see your pictures, Yuko?" | 「きみの写真を見てもいいかな，ユウコ？」

1 Sure. Here you are. | **1 「もちろん。はい，どうぞ。」**

2 Yes, we can. | 2 「ええ，私たちはできるわよ。」

3 Good. Thanks. | 3 「いいわね。ありがとう。」

☑ Can I ～？は「～してもいいですか。」とたずねる表現です。Here you are. は「はい，どうぞ。」と手渡すときに使う表現です。

No.7

🔊 "Look at those boys." | 「あの少年たちを見て。」

1 Oh, they're my classmates. | **1 「あら，彼らは私のクラスメイトだわ。」**

2 It's over there.

3 Yes, they are.

2	「それはあっちよ。」
3	「はい，彼らはそうよ。」

 Look at 〜. で「〜を見て。」「〜に注目して。」という意味です。

No.8

"Is this a museum?"

1 No, it doesn't.

2 **No, it's a library.**

3 No. It's sunny.

「これは博物館なの？」

1 「いいえ，それはしないわ。」

2 「いいえ，それは図書館よ。」

3 「いいえ。晴れているわ。」

 Is this 〜? は「これは〜ですか。」と聞くときの言い方です。1は doesn't が Is this 〜? の疑問文に合いません。

No.9

"This is my dog, Max."

1 I'm fine.

2 Me, too.

3 **He's big.**

「これがぼくの犬のマックスだよ。」

1 「私は元気です。」

2 「私もです。」

3 「彼は大きいわね。」

 This is 〜. を使って飼い犬を紹介しているので，「大きいわね。」と犬を見た感想を伝えている3が適切です。

No.10

"How many guitars do you have?"

1 I like this song.

2 It's mine.

3 **I have three.**

「あなたはギターをいくつ持っているの？」

1 「ぼくはこの歌が好きなんだ。」

2 「それはぼくのだよ。」

3 「3本持っているよ。」

 質問の最初にある How many 〜? がポイント。「いくつ〜？」と数をたずねる表現なので，持っているギターの数を I have three. と答えている3が適切です。

リスニングテスト第2部

（問題　p.093）

No.11

A: How much is this shirt?

B: It's 38 dollars.

Question **How much is the shirt?**

A: このシャツはいくらですか。

B: 38ドルです。

質問 **シャツはいくらですか。**

1　8ドルです。

2　13ドルです。

3　38ドルです。

4　83ドルです。

 シャツの値段の聞き取りがポイント。店員と思われる女性がthirty-eight dollars と言っているので，**3**が適切です。

No.12

A: What do you do on Sundays, Kate?

B: I have piano lessons at home.

Question **What does Kate do every Sunday?**

A: 毎週日曜日に，きみは何をするの，ケイト？

B: 私は家でピアノのレッスンを受けているのよ。

質問 **ケイトは毎週日曜日に何をしますか。**

1　彼女はバスケットボールをします。

2　彼女はピアノをひきます。

3　彼女は学校に行きます。

4　彼女は図書館に行きます。

 女性（ケイト）が言っているI have piano lessons を She plays the piano と言いかえている**2**が適切です。every Sunday も on

Sundays も，どちらも「毎週日曜日」という意味です。

No.13

🔊 *A:* Carol. Does your sister sing well?

B: Yes, she does, Danny. She can sing really well.

Question **Who is a good singer?**

A: キャロル。きみのお姉[妹]さんは上手に歌うの？

B: ええ，そうよ，ダニー。彼女は本当に上手に歌えるわ。

質問 **だれが上手な歌い手ですか。**

1 ダニーです。

2 ダニーのお姉[妹]さんです。

3 キャロルです。

4 キャロルのお姉[妹]さんです。

 だれについて話しているかという点が大事です。女性（キャロル）は，自分のお姉[妹]さんについて，「歌がうまいですか」と聞かれてYesと答えているので，**4**が適切です。

No.14

🔊 *A:* Hello, this is Brad. Can I speak to Clair, please?

B: Sorry, she's sleeping now. She is sick.

Question **Where is Clair now?**

A: もしもし，こちらはブラッドです。クレアさんはいらっしゃいますか。

B: ごめんなさい，彼女は今，寝ているの。彼女は具合が悪いのよ。

質問 **クレアは今どこにいますか。**

1 ベッドの中です。

2 台所です。

3 リビングです。

4 浴室です。

☑ クレアについては，女性が she's sleeping と言っているので，**1** が適切です。

No.15

🔈
A: Do you like movies, Greg?

B: Yes, I watch some movies every weekend.

Question **When does Greg watch movies?**

- -

A: あなたは映画が好きなの，グレッグ？

B: うん，ぼくは毎週末いくつか映画を見るんだ。

質問 グレッグはいつ映画を見ますか。

1 毎日です。

2 毎週末にです。

3 毎週木曜日にです。

4 毎週金曜日にです。

- -

☑ グレッグは I watch some movies every weekend と言っています。この every weekend を On weekends. と言いかえている **2** が適切です。every ～と on ～s の言いかえ表現には注意しましょう。

No.16

1　Miyu is painting a picture.

2　Miyu is reading a magazine.

3　Miyu is watching TV.

1　ミユは絵をかいています。

2　ミユは雑誌を読んでいます。

3　ミユはテレビを見ています。

女の子は大きな紙に絵をかいているので，1が適切です。

No.17

1　The dress is one hundred and nineteen dollars.

2　The dress is one hundred and ninety dollars.

3　The dress is one hundred and ninety-nine dollars.

1　ドレスは119ドルです。

2　ドレスは190ドルです。

3　ドレスは199ドルです。

数字の聞き取りがポイントです。絵にかかれているドレスの値段は「$199」ですから，3が適切です。

No.18

1　The camera is under the desk.

2　The camera is by the desk.

3　The camera is on the desk.

1　カメラは机の下にあります。

2　カメラは机のそばにあります。

3　カメラは机の上にあります。

No.19

🔊 **1 Susan brushes her teeth at 9 o'clock.**

2 Susan goes to bed at 9 o'clock.

3 Susan has dinner at 9 o'clock.

---

1 スーザンは9時に歯をみがきます。

2 スーザンは9時に寝ます。

3 スーザンは9時に夕食を食べます。

☑ 絵には9時を示す時計と女の子が歯をみがいている様子がかかれているので，1が適切です。

No.20

🔊 **1** It's rainy.

2 It's cloudy.

3 It's windy.

---

1 雨です。

2 曇りです。

3 風が強いです。

☑ 天候を表す語の聞き取りがポイントです。絵には風が強く吹いている様子がかかれているので，3が適切です。

No.21

🔊 **1** Jessica is washing her face.

2 Jessica is washing her hands.

3 Jessica is washing her hair.

---

1 ジェシカは顔を洗っています。
2 **ジェシカは手を洗っています。**
3 ジェシカは髪を洗っています。

✅ 体の部位を表す語の聞き取りがポイントです。絵では，女の人が手を洗っているので，hands を使っている**2**が適切です。

No.22

🔊
1 It's four oh five.
2 **It's four fifteen.**
3 It's four fifty.

----

1 4時5分です。
2 **4時15分です。**
3 4時50分です。

✅ 数字の聞き取りがポイントです。絵にかかれているのは「4:15」なので，**2**が適切です。**1**の four oh five は「4:05」のことで，「0」を oh と言い表しています。

No.23

🔊
1 Emily is eating breakfast.
2 Emily is eating lunch.
3 **Emily is eating dinner.**

----

1 エミリーは朝食を食べています。
2 エミリーは昼食を食べています。
3 **エミリーは夕食を食べています。**

✅ 絵には夜に食事をしている女の子がかかれているので，dinner を使っている**3**が適切です。

No.24

🔊 **1　Mr. Brown is in the kitchen.**

2　Mr. Brown is in the bedroom.

3　Mr. Brown is in the bathroom.

1　ブラウンさんは台所にいます。

2　ブラウンさんは寝室にいます。

3　ブラウンさんは浴室にいます。

✓ 家の中の部屋を表す語の聞き取りがポイントです。絵は男性が料理をしている様子を示していますから，kitchen（台所）を使っている1が適切です。

No.25

🔊 **1　You can't eat here.**

2　You can't talk here.

3　You can't run here.

1　ここで食べてはいけません。

2　ここで話してはいけません。

3　ここで走ってはいけません。

✓ 絵には食べ物を禁止するような掲示がかかれています。したがって，1が適切です。

英検5級 2021年度 試験日程

第1回検定	[受付期間]	3月25日〜4月15日（個人申込）
	[一次試験]	本会場 ──── 5月30日（日）
		準会場 ──── 5月21日（金）・22日（土）・23日（日）
		5月28日（金）・29日（土）・30日（日）
		6月12日（土）
第2回検定	[受付期間]	8月1日〜8月27日（個人申込）
	[一次試験]	本会場 ──── 10月10日（日）
		準会場 ──── 10月1日（金）・2日（土）・3日（日）
		10月8日（金）・9日（土）・10日（日）
		10月23日（土）
第3回検定	[受付期間]	11月1日〜12月10日
	[一次試験]	本会場 ──── 2022年1月23日（日）
		準会場 ──── 1月14日（金）・15日（土）・16日（日）
		1月21日（金）・22日（土）・23日（日）
		2月5日（土）

● 学校などで団体受験する人は，日程については担当の先生の指示に従ってください。
● 受付期間や試験日程は，下記ホームページ等で最新の情報を事前にご確認ください。

| 公益財団法人 日本英語検定協会 | HP https://www.eiken.or.jp/ |
| | 電話 03-3266-8311 |

2021年度 英検5級過去問題集

編集協力	株式会社ファイン・プランニング　株式会社メディアビーコン
	小縣宏行, 甲野藤文宏, 高井慶子, 村西厚子, 森田桂子, 脇田聡
CD録音	（財）英語教育協議会（ELEC）
ナレーション	Jack Merluzzi, Rachel Walzer, 水月優希
英文校閲	Joseph Tabolt
デザイン	小口翔平＋大城ひかり（tobufune）
イラスト	MIWA★, 日江井 香